サステナブルな
未来の社会をつくる
生き方・働き方って
何だろう？

未来の授業

JN105493

SDGs × ライフキャリア探究BOOK

監修／佐藤真久
編集協力／NPO法人ETIC.

はじめに

SDGsは、大きな国も小さな国も、企業もNPO／NGOも学校も、友だちも家族も地域住民も力を持ち寄り、よりよい未来をつくろうという国際プロジェクトです。地球上にある豊かな自然や資源を未来に残し、誰一人取り残すことなく幸せに暮らせる世界をつくるために、世界中の人たちが取り組んでいます。

けれども、SDGsで言われている17の目標をなかなか自分ごととして捉えることが難しいと思っている人も多いかと思います。このSDGsの自分ごと化に向けて、「未来の授業シリーズ」は制作されています。

インド独立運動の父と呼ばれるマハトマ・ガンジーは、「Be the Change You Want to See in the World」と述べ、地球に住む一人ひとりが自分ごととして社会の問題を捉え、変化の担い手になることの重要性を指摘しました。ぜひ、本書を通してさまざまなアイデアと取り組み事例にふれ、多様な人が活き、活かされる社会を模索しつつ、変化の担い手として、これからのみなさんのチャレンジに活かしてください。本書は、企業、学校の先生、国際協力団体、NPO／NGO、大学、クリエイター、デザイナーなどの多様な力を持ち寄りつくられました。このすばらしい国際プロジェクトに参加をして、一緒によりよい未来をつくっていきませんか。

東京都市大学大学院 環境情報学研究科 教授

佐藤真久

登場人物紹介

「未来の授業 SDGs×ライフキャリア探究BOOK」は、けんた、ゆみ、アレックス、みのりの4人を中心にストーリーが進んでいきます。4人は仲良しですが、性格や好きなこと、考え方などが異なります。つまり、4人はそれぞれ自分らしい"道のり"で成長していくんです。みんなはどの登場人物に似ているかな？

けんた

直感・行動
タイプ

サッカーと地元と友だちが大好きな男の子。実家の魚屋の手伝いをしていることから、魚について興味津々。何かキッカケがあると一つのことに夢中になって、すぐに行動するタイプだが、ときどき一直線すぎることも…。

アイデア
実践タイプ

ゆみ

自分らしいおしゃれに夢中な、2つの国にルーツを持つ女の子。柔軟な発想力を活かしてアイデアを生み出すのが得意。みんなをまとめるお姉さん的な一面もあり、社会で活躍するかっこいい女性が憧れ。

SDGs博士

どこからともなく現れては、4人に
SDGsや社会課題についてレクチャー
する謎(なぞ)の博士。

みのり

価値・意義
重視タイプ

もの静かなおっとり系女子。本が好き
で、自分の中でいろいろと想像を膨(ふく)ら
ませていくのが得意。一見おとなしい
が、芯(しん)の強い一面も。人の気持ちに敏(びん)
感(かん)で、寄(よ)り添(そ)うやさしさを持っている。

理論派
タイプ

アレックス

アメリカ人の両親をもつ理論派男子。
抽象(ちゅうしょう)的な思考が得意だけど、考え過ぎ
てしまう性格が悩(なや)み。「医者になって
人助けがしたい」という目標に向かっ
て日々勉強中。

目次

SDGsチャレンジストーリー第1話

本日はここで体験学習をします
地元ですごく有名な
お寿司（すし）屋さんなのよ

鮨処
○△寿し

いらっしゃい！
今日は楽しんで
いってね

よろしく
お願いします！

がんばって！

お寿司（すし）って
握（にぎ）るの
難しいのね

初めてにしては
みんな上出来だよ
よし お手本を
見せてあげよう

ササッ

かっこ
いいな…

すごーい！

11

へい
おまち！

すごくきれいなお寿司！
オレ、カウンターで
食べるの初めてだ

わぁ…

う〜ん
おいしい

私たちが作った
お寿司もおいしいね

みんなに喜んで
もらえてうれしいよ

ねえ！
大将はどうやって
寿司職人に
なったの？

憧れの寿司屋に弟子入りして
師匠にイチから技術と心意気を
教え込んでもらったんだ

一人前の寿司職人になるには
10年近くかかるんだぞ

10年

サッカーで鍛えているから
根性には自信があります！

オレもかっこいい
寿司職人になる！

けんた、
おはよう

テスト勉強は
すすんでる？

卒業したら
寿司屋で修業して
寿司職人になるから
もう勉強はいいや〜

けんた 勉強は
しないと…

いいの！
いいの！

ズッ…

寿司職人か
すばらしい
夢だね！

SDGs博士!?

でも これから先も
続いていく仕事
なのかな？

？

寿司はみんな大好きだから
寿司を作る仕事が
なくなるわけないよ

何言って
るんだよ…

本当にそうかな？ 未来の日本が「寿司を作りたくても作れない社会」になっている可能性はないかい？

「寿司を作りたくても作れない社会」！？

寿司を作れない未来には寿司屋そのものがないかもしれないよね

たしかに……

将来寿司職人になるために必要なことは寿司の修業だけじゃないかもしれないよ？

ドーン！

これからも寿司を作れる社会にするにはオレたち何をすればいいの？

まずは憧れの仕事に就くための道のりを思い描きながら

社会の課題解決について考えていこう！

はやく！

15

<table>
<tr><td>本書の使い方</td><td>「未来の授業 SDGs×ライフキャリア探究BOOK」は、SDGsについて、そして私たちに身近な日本の社会課題について知ることができる書籍です。さまざまな社会課題の解決を目指して活動するNPOや企業の取り組みを知ることができます。</td></tr>
</table>

「未来の授業 SDGs×ライフキャリア探究BOOK」は、SDGsについて、そして私たちに身近な日本の社会課題について知ることができる書籍（しょせき）です。さまざまな社会課題の解決を目指して活動するNPOや企業（きぎょう）の取り組みを知ることができます。

第2章　身近な問題から考えよう　P40-P70

紹介（しょうかい）する社会課題

> SDGsってほかの国の話だと思ってない？日本にも社会課題はいっぱいあるよ。自分の身の回りで思い当たることはあるか、考えながら読み進めてほしいな。

> 課題に関連するデータやニュースを紹介（しょうかい）するよ。みんなも調べてみたら、知らなかった驚（おどろ）きの情報が見つかるかも？

2　身近な問題から考えよう

やり直しづらい日本社会

くわしくはこちら

······ 課題についてのもっとくわしい内容

一度の失敗が命とり？現代社会はハードモード

日本は"再挑戦（さいちょうせん）が難しい国"といわれています。会社が倒産（とうさん）したり、自己破産したりしても"自己責任"とみなされ、苦しい生活から抜（ぬ）け出すのはとても大変です。これでは思い切った行動ができなくなり、失敗から成功のヒントを得るチャンスもなくなってしまいます。失敗を恐（おそ）れずチャレンジできる社会にしていかなければなりません。

GAME OVER

······ 課題の基本情報

> 自分の身の回りで思い当たることはあるか、考えながら読み進めてほしいな。

倒産（とうさん）や失業などにより路上生活を始めた人（ホームレス）が、もとの生活に復帰するのは難しいんだ。2021年の調査*では、約6割のホームレスが5年以上路上で生活していて、その割合は高まり続けているよ。

路上生活を始めてからの期間

厚生労働省「ホームレスの実態に関する全国調査（生活実態調査）」を編集

······ この課題をもっと知るためのデータやニュース

[このSDGsが深く関係しているよ]

······ 課題に関係するSDGs

この課題に関係する仕事の例

職業訓練指導員　キャリアカウンセラー　インキュベーター

······ キャリアの一例

40

そしてこの書籍のもう一つのテーマが「ライフキャリア」。みんなが大人になったとき、社会の中で、周りの人たちとどうかかわりながら、自分らしい役割を果たしていくのか。この本は、きっとそのヒントになるはずです。けんた、ゆみ、アレックス、みのりという個性豊かな4人と一緒に、みんなも自分だけのライフキャリアを考えてみましょう！

第3章　課題を解決する取り組みを知ろう！　P78-P81

取り組みを行っている
団体やプロジェクト名

どのような課題に取り組んでいるのか、意識して読んでみよう！

活動内容の解説

3
課題を解決する取り組みを知ろう！

チャレンジストーリーの
モデルはこちら
▼

森づくりを通して
豊かな海を守っていく

森は海の恋人 植樹祭

森と海は「ふたつでひとつ」
一本の苗木が海の養分になる

宮城県でかき養殖をしていた畠山重篤さんは、三陸の海の環境を守ることを目的に1989年から植樹活動をスタート。毎年6月に「森は海の恋人植樹祭」を開催し、会場の岩手県矢越山には全国から1000人近い参加者が集まり、ナラやクヌギなど約40種類の落葉広葉樹をみんなで植えているよ。宮城県を中心に寿司店を展開するアミノも、この植樹祭に参加しているんだ。

宮城県の海から遠く離れた岩手県の山で植樹活動する理由は、森から川、そして海へと運ばれ

植樹祭には川の流域に暮らす岩手県の小学生たちも参加。

る養分が、海の植物プランクトンを育てて、その結果たくさんの魚や貝が成育する海がつくられるから。山の落ち葉などが微生物によって分解されてできる養分が、海の豊かさを育てているんだ。まさに、「森は海の恋人」ということだね！

どんな思いで活動しているのかを聞いています。

「森は海の恋人植樹祭」は三陸の海の豊かさを守るだけではなく、「木を人の心に植える」ことも目的なんです。植樹を通して木や土に触れ、自然の成り立ちにかかわる知識を得ることで、森と海のつながりを意識してもらえたらうれしいな。

森は海の恋人
理事長
畠山 重篤さん

植樹祭に参加しはじめたきっかけは、2011年の東日本大震災。地元宮城県の寿司屋として、海産物に恵まれた環境を未来に残したいと思ったんだ。最初は「植樹のお手伝い」の気持ちで始めたけれど、いまでは自分も「豊かな環境をつくる主人公」のひとりだと思ってやっているよ。

アミノ
代表取締役社長
上野 敏史さん

インタビュー・
読者へのメッセージ

森と川と海、それぞれがつながり合って三陸の海はできているんだね。30年以上みんなの先頭に立って植樹する畠山さんと、寿司を握るのと同じぐらい本気で植樹をする上野さんから、地域の一員としての強い意識が伝わってきたよ。

78

企業の仕事内容や商品、その企業ならではの考え方を紹介するよ。

企業名

企業の基本情報

お口の恋人
LOTTE

WELCOME | ロッテからの取材招待状

チョコレートは何からできているか知ってる？

食べる人も作る人も幸せにする活動を紹介するよ。

サステナビリティ推進部
飯田 智晴さん

Q ロッテさんは何をしている会社なの？

チョコレートなどのお菓子やアイスを作っている会社だよ。チョコレートの原料となるカカオ豆の生産地を支える活動もしていて、カカオ豆の生産にかかわる人たちの生活が豊かになるサポートをしながらカカオ豆を仕入れているんだ。

ズバリ質問！

Q ロッテさんのSDGsアクションは？

生産地の人たちを笑顔にしたい！
貧困や児童労働を解消する取り組み

活動に関係するSDGs

カカオ豆の生産地には農家の貧困や児童労働などの課題があって、私たちは収入向上につながるカカオの生産量を増やすための技術支援や、児童労働をなくすための現地調査を進めています。みんながチョコレートを食べて笑顔になるように、カカオ豆の生産地の人たちも笑顔で暮らせるサポートをしていくよ。

生産地の人たちと信頼関係を築いて、課題解決に取り組んでいるよ。

取材の感想

カカオ豆をとりまく課題はほかにもあって、例えばカカオ豆農家が農園を拡大する際に森林を破壊しないよう調査し、森林の保護や回復を行うことも考えているんだって。いろんな問題があっても、一つひとつ解決に向けて取り組んでいるんだね。

119

取り組んでいるSDGsの活動

それぞれの企業が、自分の得意分野を活かして、どんな社会課題に取り組んでいるのか見てみよう！

第**1**章
SDGs について知ろう

SDGsってなんだろう?

SUSTAINABLE
DEVELOPMENT GOALS

Sustainable **D**evelopment **G**oal**s**

持続可能な　　　　　開発　　　　　目標

SDGsは「Sustainable Development Goals(持続可能な開発目標)」を略した言葉です。これは世界共通の言葉で、2030年の世界をより良いものにすることを目的に生まれたプロジェクトです。地球上にある豊かな自然や資源を未来に残し、誰ひとり取り残すことなく幸せに暮らせる世界をつくるために、世界各国の人たちが取り組んでいます。

SDGsの中に
寿司の未来にかかわる
課題もあるのかな?

私がSDGsについて
解説していくから
一緒に探してみよう!

SDGsの主人公は、2030年を生きる君たちだ！

SDGsが目指すのは、2030年のより良い未来。ということは、2030年の社会を担っているみんなが取り組むべき目標なのです。10年後、豊かな社会を実現し、さらにその先の未来へバトンを渡すためにも、いまからみんなでSDGsを学び、身近なところから地球のためになる小さな一歩を踏み出そう！

 ## 「持続可能な開発」ってどういうこと？

いまある問題を抱えたままだと、明るく楽しい未来はやってこないということだね！

1987年に「環境と開発に関する世界委員会」が発表した内容では、「将来の世代のニーズを満たす能力を損なうことなく、今日の世代のニーズを満たすような開発」と説明しています。そして、環境、経済、社会・文化という3つの領域において、将来に向けて開発を進めていくことが重要だと位置づけています。なぜなら、現在の私たちの生活と同じくらい豊かな生活を、次世代の人々も同様に送る権利があるからです。「自分さえ良ければ、いまさえ良ければそれでいい」という考えはいけません。この地球の中で、いまの時代を生きる人々の間にある格差や差別をなくし、すべての人が豊かな暮らしを送ることができる社会を実現しつつ、未来の世界を生きる人々が幸せな暮らしを送るための準備もしなければならないのです。

SDGsはどうして生まれたの？

この世にひとつしかない地球を未来へ

人類はここ100年の間に急速に発展をとげました。そのおかげで世界各地では便利な生活を送ることができています。その一方で地球温暖化や、森林や石油や魚といった資源の減少が進んでいます。さらに今日では、社会全体がVUCA（変動性、不確実性、複雑性、曖昧性）の特徴を有しており、既存の枠組みでは、十分対応できません。地球はひとつしかありません。人間やそれ以外の生き物も快適に暮らせる地球を未来に残すべく、みんなで行動するための“目標”としてSDGsが生まれたのです。

新型コロナウイルス感染症
人工知能に奪われる職　生物多様性喪失
若者の雇用問題　紛争　自然災害
肥満　教育の質　エネルギー問題
ガバナンス　気候変動　貧困格差　高齢化
社会的公正　グローバルな金融・経済危機
水問題（質、量、アクセス）

SDGsは2010年代に世界が直面することになった
新しい課題から生まれたんだ

誰ひとり取り残さない世界をつくる

SDGsの取り組みには、人を守るための目標もたくさんあります。SDGsは2000年開催の国連サミットで生まれた「MDGs（ミレニアム開発目標）」からの思いを引き継ぎ、飢餓や性別・人種差別、教育格差、気候変動、生物多様性の喪失といった世界の課題を解決することを目指しています。大きな国でも、小さな国でも、地球上に生きるすべての人が幸せな人生を実現できる社会づくりをSDGsは後押ししていきます。

みんなで協力して取り組もう！

SDGsは地球に住むすべての人が取り組むべき目標です。その取り組み方は無限大！ 一人ひとりが目標を持って身近なことから変えていったり、友だちと一緒に行動を起こしたり、企業や自治体、NPO／NGOなどでは協力し合いながら、大きな課題に取り組んでいます。さまざまな人たちが力を持ち寄り、連動して課題解決に取り組むことで、未来は確実に変わっていくのです。こうした「協働」の考え方は大きな動きとなり、着実にSDGsは世界中に広まっています。

人間社会の「エコシステム」と、多様な個人や組織の力を持ち寄る「協働」が大事なんだ！

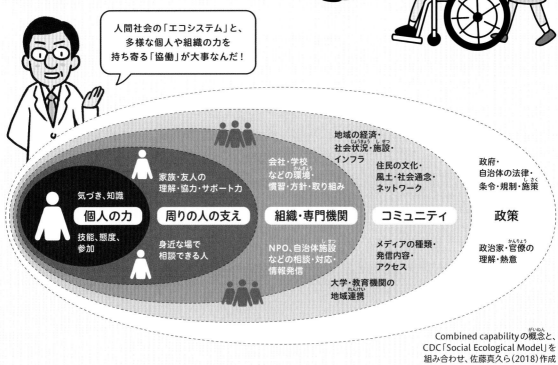

個人の力
気づき、知識
技能、態度、参加

周りの人の支え
家族・友人の理解・協力・サポート力
身近な場で相談できる人

組織・専門機関
会社・学校などの環境・慣習・方針・取り組み
NPO、自治体施設などの相談・対応・情報発信

コミュニティ
地域の経済・社会状況・施設・インフラ
住民の文化・風土・社会通念・ネットワーク
メディアの種類・発信内容・アクセス
大学・教育機関の地域連携

政策
政府・自治体の法律・条令・規制・施策
政治家・官僚の理解・熱意

Combined capabilityの概念と、CDC「Social Ecological Model」を組み合わせ、佐藤真久ら(2018)作成

次のページでは、SDGsの「17の目標」を紹介します。「17の目標」にはそれぞれ細かくターゲットが設定されており、その数はなんと169個！ 誰ひとり取り残さない世界をつくるためにも、さまざまな課題を解決する必要があります。

国連による「17の目標」解説はこちら

SDGsは地球の未来を考え、行動する、世界共通の取り組みなんだね！

23

より良い世界をつくるための SDGs「17の目標」

世界には少ないお金で生活している人がたくさんいます。十分な食事や教育、医療サービスを受けることができる社会づくりが必要です。

世界ではたくさんの子どもが栄養不良に苦しんでいます。また、世界の人口は増加しており、世界中の人々が食べ続けられる食料を確保しなければなりません。

子どもから高齢者まで、すべての人が健康的な生活を送るための医療施設・サービスを世界中に広めていく必要があります。

地球温暖化につながるCO₂を増やさず、持続可能な電力を確保するために、太陽光や風力などの再生可能エネルギーを普及させる必要があります。

人々の幸せな生活やお金を稼ぐための仕事を保つためには、持続的に経済を成長させるための施策を打ち続けなければなりません。

道路やインターネット、電力などの現代の生活に必要なインフラを世界中に普及させるとともに、新たなインフラ技術の開発が進んでいます。

地球温暖化や海面上昇などの気候変動は地球規模の問題です。地球に暮らすすべての人が、気候変動を抑えるための行動を起こす必要があります。

みんなの食卓に並ぶ魚や貝は、海が育む資源です。未来に海洋資源を受け継ぐためには、豊かな海を守る取り組みを広めなければなりません。

世界中にある森林は徐々に減少していますが、生物の多様性や貴重な天然資源を守るために、さまざまな森林保全対策が進められています。

SDGsは、世界中で解決しなくてはいけない問題を17個の目標にし、2030年までに達成しようと世界規模で取り組んでいるプロジェクトです。自然環境、人間社会、そして経済開発にかかわる目標があり、それぞれが関係しあっています。

学校に通うことができない子どもの数は約3億300万人。発展途上国を中心として学校の建設や先生の育成などが進められています。

現代社会における女性は差別や暴力に苦しんでいます。そのため、性別にかかわらず誰もがいきいきと働いたり勉強したりできる社会づくりが求められます。

水不足や水質汚染による病気を解消するために、すべての人がきれいで安全な水を確保する取り組みが広まっています。

先進国と発展途上国、富裕層と貧困層の間には、収入や生活環境などにおいて大きな格差があり、平等に幸せになれる社会づくりが求められています。

現代社会では都市部に人口が集中し、人口が増え続けています。環境を守りつつ、充実したインフラをすべての人に提供する仕組みづくりが必要です。

限られた資源を未来に残すためには、資源を無駄なく有効活用してものを作り、使う人も、ものを大切に使い続けるための意識を持つことが大切です。

世界の平和を乱す暴力や人身売買は大きな問題になっています。発展途上国を中心に、個人の権利保護や犯罪抑制に向けた取り組みが求められています。

地球規模の課題を解決し、持続可能な社会をつくるためには、国・企業・地域レベルで協力し合い行動することが重要です。

SDGs博士と一緒に17の目標を学べる動画がここから見られるよ！

「17の目標」が
つながり合うことで、
課題はどんどん解決していく

17の目標はそれぞれがかかわり合いながら、課題の解決に向かって進んでいきます。つまり、ひとつの目標に取り組むと、自然とほかの課題解決にも役立つということ。この働きにより、より良い世界を実現することができるのです。

> SDGsは世界を良くするための「入り口」や「架け橋」になるんだね！

テーマの統合性

17の目標は、それぞれ内容が異なっているように見えますが、そうとは限りません。目標の中には、ほかの目標と共通する課題を持つものもあります。関連する目標同士はお互いにかかわり合いながら、理想とする社会を実現していくのです。

健康的な生活を
送り、心身ともに
成長できる

> 複数の課題が解決され、ひとつの理想が実現する。幸せな社会づくりはとてもすごいことなんだ！

女性も男性も自由に
職業を選択できる
社会になる

みんなが夢の
実現につながる
勉強ができる

国籍や立場、
属性、思考に
関係なく、幸せな
生き方を選べる

同時解決性

自然や社会のためになる活動に取り組んだ場合、複数の目標を同時に解決することができます。なぜなら、17の目標にある課題は関連し合っているからです。ひとつの活動でいくつもの課題を同時解決できる、まさに一石二鳥の特徴があるのです。

みんなが取り組む自然のための活動は、より良い地球をつくるための大きなスタートになっているよ

17の目標が掲げる課題が複数解決することで、人間だけでなくあらゆる生物にとって幸せな地球になるんだ

パートナーシップ

個人や組織単体の力だけでは17の目標は達成できません。多くの人々が社会に参加し、立場が異なる人たちが協力し合いながら、それぞれができるアクションを起こすことが不可欠です。

現状

未来

政府・自治体

NPO／NGOや地域住民、子どもたち

企業

大きな取り組みや小さな取り組み、さまざまなアクションが地球規模の課題解決につながっているんだね！

SDGsへの理解が深まる
知っておきたいキーワード

国際舞台で生まれたSDGsには、普段ふれる機会の少ない
言葉や考え方が含まれています。このページではSDGsを
よりくわしく理解するうえで重要なキーワードを解説します。

よく使われる
言葉を
説明するよ！

【サステナブル】

SDGsの「S」は「Sustainable」の頭文字。持続可能な、
つまりずっと続けていけること、存在し続けられることを
指すよ。私たちの住んでいる地球がずっと生き物の住める
星であること、私たちの子どものさらに先の世代になって
も人間という種が続いていること、あるいはひとつの会社
や事業を続けていけることなどにも使われるよ。

関連ワード 【サステナビリティ】…「持続可能性」を指す名詞。

【サプライチェーン】

ある商品が作られ私たちの手元に届くまでには、原料を
調達する→工場などで加工する→倉庫に保管する→お店
に配送する→販売する→買った人が消費したり使ったり
する…という流れがある。その一連の流れをこう呼ぶんだ。
この工程の中で働く特定の誰かに無理や皺寄せがいかな
いよう、配慮することが大事だと考えられているよ。

関連ワード 【フェアトレード】…途上国の経済的に弱い立場の人たちから農産物などを買うときに、適切な価格で買い上げたり、児童労働などの無理な労働
がないようにしながら、先進国の企業が商品を作ること。

【カーボンニュートラル】

温暖化を進める温室効果ガス（CO₂など）の排出量を減ら
すことは、いま世界共通の課題だね。その中で、「温室効
果ガスの排出量を全体としてゼロにする」取り組みが生ま
れている。これは、企業活動などで生まれたガスの量と同
じだけ、ガスを減らすための活動をして（植林、海洋固定な
ど）、その合計が実質ゼロになるようにしていくことなんだ。

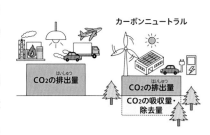

カーボンニュートラル

CO₂の排出量

CO₂の排出量
CO₂の吸収量・
除去量

関連ワード 【脱炭素】【脱炭素社会】…温室効果ガスの中でも主要なCO₂に焦点を絞り、排出量ゼロを目指す考え方。脱炭素社会は、それを実現した社会のこと。

【サーキュラー・エコノミー（循環型経済）】

大量に作り、大量に消費し、大量に捨てる…これまでの大量消費システムへの反省から生まれた、資源を循環させるシステムのことだよ。リユースやリサイクルなどで一度作った商品をごみにしない、また、商品を作る過程でなるべく廃棄物（＝不要だとして捨てられるもの）を出さないといった仕組みを整え、限りある資源を大事に使っていく考え方なんだ。

線型の経済システムから、循環型の経済システムへ

2016 年「A Circular Economy in the Netherlands by 2050」をもとに作成

【エシカル消費】

エシカルとは、「倫理的な」という意味の言葉。商品を買ったり使ったりするときに、人や社会、環境、地域などの問題の解決につながる方を選んで消費活動をすることを指すよ。例えば環境に配慮した商品を選ぶ、社会課題の解決に取り組む生産者の商品を買って応援するなど。普段の買い物を通じてできるSDGs活動だね。

関連ワード 【地産地消】…地元の産品（農作物など）を選んで買うこと。地域活性化や輸送エネルギーの削減につながる、「エシカル消費」のひとつ。

【ダイバーシティ】【インクルーシブ】

世界を見渡せば、国籍・人種・民族・性別などさまざまな“属性”の人がいる。宗教や趣味嗜好、ライフスタイルなど“思考”もそれぞれに異なっているね。こうした多様性を互いに認め合い、尊重していくのが「ダイバーシティ」。さらに、違いを持つ人たちが個性を発揮しながら、ともに活動できる社会を目指すのが「インクルーシブ」の考え方なんだ。違いをよく知り合い、認め合うことが大事だね。

関連ワード 【社会的包摂（ソーシャル・インクルージョン）】…あらゆる人が社会の一員として尊重され、自分らしく生きられるように社会が支援することを指す。

【ウェルビーイング】

ある人が、身体も心も元気で、日々満たされて生きている状態を指すよ。つまり「幸せ」な状態とも言えるね。人の幸せには、夢中になれることがある、周りの人といい関係が築けている、夢や目標を持っていることなどが関係するといわれている。SDGsの達成とは、あらゆる人のウェルビーイング、そしてその先にある社会のウェルビーイングを実現していく取り組みだとも言えるね。

2030年まであと6年！17の目標は実現に近づいているの？

世界のSDGsの取り組み状況は？

2015年9月の国連サミットでSDGsが採択されてから8年あまりが経ちました。17の目標は実現に近づいているのでしょうか? 2023年7月に発表された「持続可能な開発目標報告（The Sustainable Development Goals Report）2023」では、世界各国がこのままのペースでSDGsに取り組んだ場合、2030年までに達成できる目標はひとつもないと予測されています。新型コロナウイルス感染症の流行、ロシアによるウクライナ侵攻など、近年新たに発生した課題の影響により、SDGsの目標の中には停滞、さらには後退した取り組みもあります。17の目標すべてに課題が残っている現状を改善し目標を達成するためには、世界各国がいままで以上にSDGsを推し進めていかなければなりません。

目標を達成するうえで
どんな課題が残っているのか
知ることから始めよう!

国連連合広報センターが発表した「持続可能な開発目標（SDGs）報告2023：特別版」では、17の目標それぞれのくわしい進捗状況が紹介されています。

「持続可能な開発目標
（SDGs）報告2023：特別版」
はこちら

日本ではどのくらい進んでいるの？

達成に向かっている

課題が残っている

重要な課題が残っている

主要な課題が残っている

「持続可能な開発目標報告2023」では世界各国のＳＤＧsの達成状況も発表されています。日本は166か国のうち21位と上位に入っていますが、前年と比べて2ランク下がっており、決して順調とは言えない状況です。ジェンダー平等、気候変動、海や森林の環境保全などの目標は大きく遅れを取っています。一方で教育やインフラは目標達成に向かっています。課題解決に近づく目標の取り組みを継続しながら、課題が多くの残る目標の達成をどのように実現していくのか、両方の視点でこれからのＳＤＧsを考えていくことが必要です。

2030年まで
もうすぐだね。
このままでは目標は
達成できないのかな？

日本で私たちができること

17の目標のほとんどが、達成するためにはこれまで以上の努力が必要…そんな現状を知って、焦る人もいると思います。ただ、私たちの暮らしは2030年以降も続きます。誰ひとり取り残すことなく幸せに暮らせる世界をつくり、その世界を「守り続ける」ためにも、一人ひとりが課題についてしっかりと学び、自分にできるアクションを考える習慣を身につけることが大切です。

課題について
勉強するからこそ、
解決のアイデアが
思いつくんだね！

日本が抱(かか)えているこれから解決すべき課題たち

01 やり直しづらい
日本社会

人生の選択(せんたく)に失敗するとやり直しがききにくい社会構造です。

02 先進国なのに高い
相対的貧困率

日本では6人にひとりの人が貧困で苦しんでいます。

03 日本でも起きている
食料問題

食料自給率が低い日本では、今後食料が不足する可能性があります。

07 膨(ふく)れ上(あ)がる社会保障費

お金が不足し、安定した医療(いりょう)・介護(かいご)サービスを受けられない可能性があります。

08 安心して出産し
子育てできない社会

出産や育児に関する制度・施設(しせつ)などが不足しています。

09 希薄化(きはくか)・孤独化(こどくか)する
コミュニティ

同じ地域に住んでいる人同士のかかわり合いが少なくなっています。

13 日本は真の
スポーツ大国になれるか

体力や健康づくりにもつながるスポーツに取り組む人が減っています。

14 世界が注目する
水資源問題

これからも生活やものづくりに必要な水を確保しなければなりません。

15 持続可能なエネルギー
の実現と普及(ふきゅう)

化石燃料に依存(いぞん)し続けたままだと、将来的にエネルギーが不足します。

19 伝統文化・技術を
どう継承(けいしょう)するか

祭りや工芸品などの伝統が、後継者(こうけいしゃ)不足などにより途絶(とだ)えてしまいます。

20 日本中に眠(ねむ)る
未利用資源

木材やリサイクルごみなどの身近な資源がうまく活用されていません。

21 老朽化(ろうきゅうか)が進む
インフラ

橋やトンネルなどの生活に不可欠なインフラの老朽化(ろうきゅうか)が進んでいます。

SDGsのような大きな問題が自分に関係あるの？と感じる人もいるかもしれません。ここからはいま日本が直面している課題を見ていきます。食や仕事などの日常的な生活にかかわることから、教育や気候変動など日本の将来を左右するテーマまで、たくさんの課題が山積みになっています。SDGsとの関連は第2章で紹介していきます。

イラスト・資料提供：NPO法人ETIC.

04 日本が一歩先ゆく
超高齢化社会

日本は世界一の高齢化先進国であり、今後も高齢化は進んでいきます。

05 チャンスに変わるか？
人口減少

社会で活躍する人口が減ることで、国の成長が止まる恐れがあります。

06 マイノリティの
人々の幸せ向上

LGBTQ+や障害者などが不便で肩身の狭い生活を送っています。

10 延ばしたい健康寿命

健康寿命と平均寿命の間に差があり、医療や介護のためのお金が増えています。

11 創造力を高める
教育の拡大

自由な発想で物事を考えるための教育が不十分です。

12 じわじわ広がる
教育格差

環境や収入によって受けることができる教育内容に差が生まれています。

16 出番を求める人々に
活躍の機会を

能力や個性を発揮できないまま働いている人がたくさんいます。

17 解放せよ
組織内リーダーシップ

リーダーシップがある人でも、組織の中でなかなか力を発揮できません。

18 専門職が力を
発揮できない職場環境

プロとしての専門的な知識や技術を活かして働ける職場が少ない社会です。

22 自然災害大国日本

地震や台風についての経験を、未来の災害対策に活かす必要があります。

23 見直したい
ローカル経済

都会に比べて地域の元気がなくなっています。

24 復活できるか
水産王国日本

汚染や乱獲により魚や貝などの水産資源が減少しています。

25 止まらない気候変動

気温上昇などのいままでにない気候の変化への対策が不十分です。

26 非効率すぎる政治・行政

内部が見えにくい政治や行政のかたちに、国民は不信感を抱いています。

27 社会づくりに参加しやすく

選挙や寄付活動などの敷居が高く、気軽に参加できない状況です。

28 時代に合わせた幸せの模索と実現

幸せのかたちが多様化しているなか、昔ながらの価値観が根強く残っています。

29 くい止めたい不信と不和の連鎖

日本の内外で災害や争いにより日々苦しんでいる人が多数います。

30 グローバルでつながる経済の課題

世界の持続的な成長に向けて、国同士が十分に協力できていません。

31 高ストレス型社会からの脱却

多くの人が勉強や仕事、友人関係などで悩みやストレスを抱えています。

日本だけでもこんなに課題があるなんて！

みんなの住んでいる地域に、ここにはない32番目の課題はあるかな？

ウェブサイトでくわしい内容が見られるよ！

第2章では私たちの身近な社会課題をクローズアップ！

みんなにも関係のある身近な社会課題を、第2章でくわしく紹介します。日本にある課題を勉強しながら、みんなだったらどんな方法で課題を解決できるか考えてみよう。

第2章
身近な問題から考えよう

ある日、けんたのクラスで自由研究をテーマに授業が行われました。
「みなさんの好きなこと、興味のあることを自由に調べてみましょう！ ゲスト講師の先生もいるから、困ったら相談してみてね」

けんたはタブレットを起動します。
「よし、オレは寿司について調べてみるぞ。ふむふむ、地域によって寿司の形や使う食材は違うのか。どれもうまそうだな〜」

楽しく寿司の知識を学ぶけんたでしたが、寿司にまつわるさまざまな課題を目にして表情が変わります。
「え、環境が変化すると魚が獲れなくなるの？ 醤油や酢を作る技術も途絶えそうだなんて…」

寿司を取り巻く課題を知ったけんたは、ゆみ、アレックス、みのりに声をかけます。
「みんなにも寿司に関係する課題を調べてほしいんだ」
けんたのお願いを受けて3人は早速調べ始めます。

知らなかった…

う〜ん…

みのりとアレックスは魚について調べます。
「寿司って日本料理なのに、使われている魚のほとんどが海外から輸入されたものなんだね」とみのり。
アレックスは「環境変化だけじゃなくて海洋汚染のせいで魚の数が減っているなんて…」とうなだれます。

けんたは「海にいる魚の量は減っているのに、世界全体で魚を獲る量は増えてる！？ このままじゃ、いつか魚がいなくなっちゃうってこと？」と困ってしまいます。

魚の課題に頭を抱える3人にゆみは声をかけます。「魚だけじゃないよ。お米や海苔も生産者が高齢化していて、後継者がいないと作れなくなっちゃう」

けんたはふと思い出します。「そういえばSDGs博士が言ってたな。『寿司職人はこれから先も続いていく仕事かな？』って」
寿司を取り巻くさまざまな課題がさらに深刻になれば、いずれ寿司が作れなくなるかもしれない。そういうことだったのか、と寿司職人の仕事への不安がどんどん大きくなった…そのとき！

「不安そうな顔してどうしたの！？」
ゲスト講師のETIC.のアサミさんが4人に話しかけます。

けんたから事情を聞いたアサミさん。
「安心して」とけんたを励まします。
「元気出して！ 寿司に関係する課題には
きっと解決方法があるはず」

「まずは日本でいま起きている課題について、
内容をくわしく知ることから始めましょう！」
前向きなアサミさんの言葉を聞いて、けん
たは元気を取り戻しました。
日本で起きている課題を3人と一緒に調べ
始めます。

やり直しづらい日本社会

くわしくは
こちら

一度の失敗が命とり？
現代社会はハードモード

日本は"再挑戦が難しい国"といわれています。会社が倒産したり、自己破産したりしても"自己責任"とみなされ、苦しい生活から抜け出すのはとても大変です。これでは思い切った行動ができなくなり、失敗から成功のヒントを得るチャンスもなくなってしまいます。失敗を恐れずチャレンジできる社会にしていかなければなりません。

倒産や失業などにより路上生活を始めた人（ホームレス）が、もとの生活に復帰するのは難しいんだ。2021年の調査*では、約6割のホームレスが5年以上路上で生活していて、その割合は高まり続けているよ。

路上生活を始めてからの期間

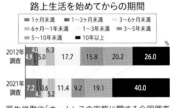

凡例：■1ヶ月未満　■1〜3ヶ月未満　■3〜6ヶ月未満　■6ヶ月〜1年未満　■1〜3年未満　■3〜5年未満　■5〜10年未満　■10年以上

	1ヶ月未満	1〜3ヶ月未満	3〜6ヶ月未満	6ヶ月〜1年未満	1〜3年未満	3〜5年未満	5〜10年未満	10年以上
2012年調査	4.9	4.0	5.0	6.3	17.7	15.8	20.2	26.0
2021年調査	7.2	4.3	3.6	5.2	11.4	9.2	19.1	40.0

厚生労働省「ホームレスの実態に関する全国調査（生活実態調査）」を編集

［ このSDGsが深く関係しているよ ］

この課題に関係する仕事の例

職業訓練指導員　　キャリアカウンセラー　　インキュベーター

先進国なのに 高い相対的貧困率

くわしくは
こちら

お金がない世帯は 健康も進学もかなわない？

先進国の日本でも貧困は他人事ではありません。国民の6人にひとりが貧困の状態にあり、コロナ禍以降に経済が大幅に落ち込んだため、貧困層は今後も増える可能性があります。進学や通院など、貧困を理由に当たり前の生活を送れない人たちを支援すると同時に、貧困から抜け出すための手段が求められています。

気候変動や戦争の影響、燃料費の値上げなどによって、世界的に食料品価格が上がっているんだ。2023年には、食料品の値上がりによる日本の家計の負担額は約6万円増加するといわれており、貧困層への支援がより緊急の課題になっているよ。

[このSDGsが深く関係しているよ]

この課題に関係する仕事の例

ソーシャルワーカー　　子ども家庭支援センター職員　　支援NPO職員

糧 日本でも起きている食料問題

くわしくはこちら

肉や魚が食べられない未来がそこまで来ている！

日本の食料自給率は38％（2022年時点）と低い水準で、多くの食料を外国からの輸入に頼っています。一方で、まだ食べられる食品が捨てられていたり、加工食品を作る過程で出る廃棄物も多いのです。世界人口は増え続け80億人に到達し、さらに気候変動が進行すれば、これまでのように食料が手に入るとは限りません。国内の農業・畜産業・漁業を活性化させてすべての人に食料が行きわたり、食料を無駄にしない社会をつくることが必要です。

サイズが小さいなどの理由から値段がつかない「未利用魚」を有効活用して、缶詰や発酵調味料などを開発する取り組みが生まれているよ。大事な食料だからこそ、無駄なく使いきる・味わう意識を持ちたいね。

[このSDGsが深く関係しているよ]

この課題に関係する仕事の例

農家　畜産事業者　水産技術者　サプライチェーンマネージャー

日本が一歩先ゆく超高齢化社会

くわしくはこちら

お年寄りが増える日本は世界一の高齢化先進国

超高齢化社会の日本では、国民の3人にひとりがお年寄りです。お年寄りの暮らしを支える社会保障費は増加しており、それにより国民ひとり当たりの負担は大きくなっています。これから社会に出ていく若い世代のためにも、超高齢化社会を支えつつ、自分たちがいきいきと暮らせる新たな社会モデルが求められます。

日本の高齢化率は、世界で最も高い28.6%（2020年時点）。これからもほかの国を上回るペースで高齢化が進むと、あらゆる産業で労働力不足が起きるんだって。ぼくたちが働く頃には一体どうなっているんだろう…？

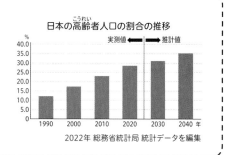

日本の高齢者人口の割合の推移

実測値 ← → 推計値

2022年 総務省統計局 統計データを編集

[このSDGsが深く関係しているよ]

この課題に関係する仕事の例

介護員　　介護予防指導士　　ケアマネージャー　　老人福祉施設職員

くわしくは
こちら

減 チャンスに変わるか？
人口減少

日本の人口が減ると
いまの生活を維持できない？

日本の人口は少子化により減少し続け、2050年には1億人を下回ると予測されています。経済を成長させ教育や社会福祉を支える力が不足することは大きな問題ですが、同時にこれまでの社会のかたちを見直すチャンスでもあります。自然環境を大切した地域づくりや国籍やアイデンティティを越えた社会づくりなど、持続可能性や多様性を尊重する社会に変えることで解決する課題があるかもしれません。

岡山県奈義町は高校生までの医療費自己負担なし、小中学校の教育教材費無料などの子育て支援策により、2019年に合計特殊出生率が全国の倍以上の2.95まで回復しているよ。安心して出産・子育てできる社会には、自治体の手厚いサポートが必要だね。

地域を挙げた子育て支援をする
岡山県奈義町。

[このSDGsが深く関係しているよ]

この課題に関係する仕事の例

保育士　子育て支援員　企業総務担当者　子育て支援団体職員

マイノリティの人々の幸せ向上

くわしくは
こちら

性別、価値観に関係なく
自分らしくいられる社会へ

障害がある人や、外国籍、LGBTQ＋など、さまざまな特徴や価値観を持ったマイノリティへの配慮が議論されています。多数派の考えだけを尊重すると、一部の人は我慢をしなければならなくなります。"普通"という枠がなくなりつつあるいま、すべての人が個性を解き放てる社会についてみんなで考える必要があります。

少子化が進む日本では、外国から移り住む人が増えると予想されているんだ。新たな文化や価値観を持つ人と接する機会も増えるかもしれないね。いろんな考え方を理解するにはどうしたらいいかな？

[このSDGsが深く関係しているよ]

この課題に関係する仕事の例

国際交流コーディネーター　企業ダイバーシティ推進担当　多文化共生支援センター職員

膨れ上がる 社会保障費

くわしくは
こちら

安心して暮らすために "国のお金"をどう使う？

社会保障とは、子育てや医療、年金などの生活の困りごとに備えて、みんなで支え合う仕組みのこと。税金などを国が集めることで実現していますが、少子高齢化の影響でひとり当たりの負担は膨らみ続けています。若者が苦しむことなく制度を維持していくには、どのような仕組みが必要でしょうか。

社会保障費を抑えつつ十分なサポートを維持していくには、先端技術の活用がひとつのカギになるよ。介護の現場では介護ロボットを導入し、限られた人員で対応する試みが始まっているんだ。

介護者の身体の負担を減らす装着型ロボット。

[このSDGsが深く関係しているよ]

この課題に関係する仕事の例

政治家　　財務省職員　　地域包括支援センター職員　　介護用ロボット開発者

安心して出産し子育てできない社会

くわしくは
こちら

子育てしやすい社会が少子化の解決のカギに

日本で少子化が進む原因のひとつに、子育てしにくい社会構造があります。「子育ては女性がするべき」という誤った価値観や男女格差、金銭面の負担、子育てと仕事を両立しようにも男性の育児休業取得が浸透しない状況などが立ちはだかります。国の宝である子どもを生み、育てやすい社会に変化できなければ、明るい未来は描けません。

夫婦両方が働いている共働き世帯が増えるなか、「学童保育の待機児童」による小学生の預け先不足も課題となっているよ。仕事と子育てを安心して両立するために、子どもが安心して過ごせる居場所を親は求めているんだね。

専業主婦世帯と共働き世帯数の推移

万世帯

■専業主婦世帯　■共働き世帯

1262

539

1980　85　90　95　2000　05　10　15　2022年

総務省「労働力調査」を編集

[このSDGsが深く関係しているよ]

この課題に関係する仕事の例

子育て支援センター職員　　企業人事担当者　　男性育児休業取得促進アドバイザー

47

くわしくは
こちら

独 希薄化・孤独化するコミュニティ

一緒にいても孤独を感じる人がいる

日本では家族や友だちがいても孤独を感じながら生活している人がいます。コロナ禍の不要不急の外出自粛やオンライン授業、リモートワークによりコミュニケーションをとる機会が限られたことも孤独化を加速させたと考えられています。いま必要とされているのは、周りとつながりを実感できる新たな社会の仕組みです。

政府は2021年2月に「孤独・孤立対策担当大臣」を設置したよ。大臣ポストをつくったのはイギリスに次いで世界で2カ国目。孤独化対策の先進国の一員として、私も一緒に課題解決に取り組んでいきたいな。

行政、NPO、企業などと一体で取り組んでいく。（写真：毎日新聞社提供）

[このSDGsが深く関係しているよ]

この課題に関係する仕事の例

自治体まちづくり部門職員　　地域コミュニティ団体職員　　不動産会社開発担当者

延ばしたい健康寿命

くわしくはこちら

元気で長生きするために
できることは何？

日本は世界有数の長寿国ですが、自分の力で身体を動かして生活できる「健康寿命」は長いとはいえません。病気やケガによる不健康な状態が長くなると、自由で自分らしい暮らしを送れず、国が負担する医療費・介護費も膨らみます。健康寿命を延ばすことは、人と人との関係を豊かにし、すべての国民が幸せに生きることにつながります。

平均寿命と健康寿命の差は男女ともに10年ほどあって、身体を満足に動かせなければ日常生活はもちろん、趣味も十分に楽しめないんだ。この差を短くするためには、病気やケガをあらかじめ防ぐ「未病」の考え方が大事になるよ。

平均寿命と健康寿命の差（2019年）

男性
平均寿命 81.41
健康寿命 72.68　8.73年

女性
平均寿命 87.45
健康寿命 75.38　12.06年

60　　80　歳

厚生労働省 調査データを編集

[このSDGsが深く関係しているよ]

この課題に関係する仕事の例

作業療法士　　保健師　　栄養士　　医学研究者

 創造力を高める
教育の拡大

AIが活躍する未来では人間は何をしている?

文章や画像を自動でつくる生成AI（人工知能）が話題を集めています。暮らしを楽しく便利にする一方で、AIが成長を続け社会に広まっていくと人間に替わってさまざまな仕事を行うと予測されています。そのとき人間に求められるのは「創造力」です。AIと共存しながら創造力を発揮して活躍するには、どんな教育が必要でしょうか。

AIの普及でなくなる仕事がある一方で、新しく生まれる仕事もあるといわれているよ。例えば、病院の医師と遠く離れた患者さんをネットワーク技術でつなぐ「AI支援医療技師」もそのひとつだよ!

[このSDGsが深く関係しているよ]

この課題に関係する仕事の例

教育コンサルタント　　学校教員　　教育系NPO職員　　アート教育者

じわじわ広がる 教育格差

くわしくは
こちら

生まれた家や地域によって 教育に差が生まれる?

日本は義務教育の制度によりすべての子ども
が一定水準の教育を受けることができます。た
だ、家庭や住んでいる地域によって教育機会に
差が生まれることがあります。そこから学力に
差が生まれ、結果的に大人になってからのさま
ざまな格差につながるといわれています。子ど
もの未来を平等に育むためにも教育格差の改
善が求められます。

旅行やレジャーなどの「体験」の格差
解消のために活動する大人もいるよ。
NPO法人のフローレンスでは経済的
な理由でレジャーの機会がない子ども
たちの思い出づくりを支援(しえん)するプロジェ
クトをしているんだって。

フローレンスの「夏休み格差をなくそう」プロ
ジェクトの風景。

[このSDGsが深く関係しているよ]

この課題に関係する仕事の例

教育支援(しえん)団体スタッフ　　ソーシャルワーカー　　教育政策研究者

日本は真のスポーツ大国になれるか

くわしくは
こちら

体力低下やイライラは
運動不足が原因かも？

「文武両道」という言葉があるように、日本には勉学とスポーツを重要視する文化があります。子どもは体育や部活など運動をする習慣がありますが、大人になるとスポーツをしなくなる人が増えてしまいます。スポーツは体力・健康増進だけでなく、達成感や身体を動かす楽しさを得られ、人と人との関係を豊かにする人生における大切な習慣です。

少子化や運動部活動数が減少するなか、地域の人たちで実施する「地域クラブ」が注目されているんだ。いままでどおりスポーツに打ち込みたい子どもはもちろん、運動したい大人も参加できるね！

[このSDGsが深く関係しているよ]

この課題に関係する仕事の例

スポーツ施設職員　　スポーツインストラクター　　スポーツ庁職員

世界が注目する水資源問題

くわしくはこちら

水が使えるって当たり前？
水不足になる可能性も…

日本は水資源を蓄える山岳地帯に恵まれた"水大国"です。しかし、水は自然界の産物であるため、温暖化や気候変動の影響によっては飲み水となる地下水や農業用水が不足するかもしれません。限りある良質な水を手に入れるため、高いお金で水を買う…。それは砂漠が広がる外国だけではなく、私たちが暮らす日本に迫る危機なのです。

日本のペットボトル入り飲料水の消費量は約100億リットル！ 年々増えていて、このままだと日本の地下水が不足する可能性もあるし、プラスチックごみも増えてしまう…。限りある資源を保つ方法も考えないといけないね。

海岸に漂着したペットボトルごみ。

[このSDGsが深く関係しているよ]

この課題に関係する仕事の例

森林官 地質調査技士 浄水技術研究員

持続可能なエネルギーの実現と普及

くわしくは
こちら

私たちが使う電気は
外国の資源でできている！

日本の電気は大半が石油や石炭、天然ガスなど化石燃料*からつくられますが、その90％近くを海外から輸入しています。万が一、戦争や輸出国との関係悪化により手に入らなくなれば一大事です。化石燃料による発電は環境負荷も大きく、再生可能エネルギー*の積極的な活用など早急に対応しなければいけません。

*化石燃料…石油、天然ガス、石炭などの地下に埋まっている燃料資源。
*再生可能エネルギー…太陽、風、水などの発電に繰り返し利用できるエネルギー。

日々の生活に必要な電気を確保しつつ環境に負荷をかけない方法として、再生可能エネルギーによる発電に期待が高まっているんだ。北海道の石狩湾には国内最大級の洋上風力発電風車が建設されているよ。

［ このSDGsが深く関係しているよ ］

この課題に関係する仕事の例

| プラント設計技術者 | 再生可能エネルギー技術者 | 電気技術者 |

出番を求める人々に活躍の機会を

くわしくは
こちら

働きたくても、思うように力を発揮できない人がいる

「働く」ことは人生において重要な要素ですが、日本には障害や生まれ育った環境などのさまざまな事情で活躍できる場所がなく、社会とのつながりを模索している人たちがたくさんいます。出産や介護などの都合で働けなくなる人も少なくありません。目指すのは、誰もが自分の目標や可能性をあきらめることなく、いきいきと活躍する社会です。

新型コロナウイルス感染症の拡大により日本経済が落ち込んだことで、仕事がなくなった人がたくさんいるんだ。働きたくても働けないのは、お金だけではなく、やりがいや達成感、人とのつながりもなくなる辛いことなんだ。

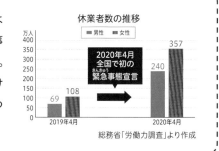

休業者数の推移

総務省「労働力調査」より作成

[このSDGsが深く関係しているよ]

この課題に関係する仕事の例

ジョブコーチ 　　就労支援カウンセラー 　　企業の人事担当者

身近な問題から考えよう

解放せよ組織内リーダーシップ

くわしくは
こちら

年齢や立場に関係なく
リーダーになれる時代へ

グローバル化が進み、日本の企業でもいまではさまざまな個性を持つ人材が働いています。コロナ禍を経てリモートワークなど働き方も多様化しました。ひとつの考え方で管理される組織から、一人ひとりが結びつきながら柔軟にかたちを変える組織へ。これからは、年齢や立場にとらわれず、適材適所で個人がリーダーシップを発揮していく社会になるでしょう。

コロナ禍をきっかけに起業する人が増えているんだ＊。暮らしに関する人々の価値観や社会の仕組みが変化する世の中は、新しいビジネスを始めるチャンス！「こんな仕事がしたい！」っていう強い思いを見習いたいな。
＊中小企業庁「2022年版『中小企業白書』」より

[このSDGsが深く関係しているよ]

この課題に関係する仕事の例

起業家 　　キャリアコーチ 　　企業の組織開発担当者

専門職が力を発揮できない職場環境

くわしくは
こちら

専門職の人たちが
スキルを発揮できる環境を

高校や大学、専門学校で専門的スキルを身につけて社会に出たものの、給与や労働時間などの待遇が十分でないことが原因で専門職をあきらめる人が増えています。看護師や介護士、AIを開発するエンジニアなど、安心して暮らせる豊かな社会づくりに必要不可欠な専門職人材が長く活躍するためのカギは、安心して働ける職場環境です。

介護職で働く人たちは、職場の人手が足りないことや、賃金が低いことが悩みなんだって。これからさらに進む高齢化社会を支える大切なお仕事だから、みんなで対策を考えたいね。

介護職と他の全産業の平均月収の比較
＊役職者除く ＊月収換算

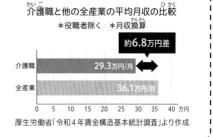

約6.8万円差

介護職　29.3万円/月

全産業　36.1万円/月

厚生労働省「令和4年賃金構造基本統計調査」より作成

[このSDGsが深く関係しているよ]

この課題に関係する仕事の例

専門学校教員　プロジェクトマネージャー　企業の人材開発担当者

くわしくは
こちら

技 伝統文化・技術を どう継承するか

「日本らしさ」は 継承しないと消えてしまう

神社仏閣、着物、和食など、日本の伝統文化は世界を魅了する価値を誇ります。しかし、少子高齢化や地方の過疎化などにより担い手が不足し、伝統継承が危ぶまれる文化もあります。伝統文化・技術をどのように受け継ぎ、発展させていくのか。その価値をどう発信していくか。これからの時代を生きる人たちで解決しなければなりません。

金属加工で有名な新潟県燕市・三条市は2013年から工場見学イベント「燕三条 工場の祭典」を開催し、コロナ禍前の参加者数は約5万6000人！興味を持った人のなかから、未来の後継者が生まれるかもしれないね。

普段は入れない金属加工の工場を見学できる「燕三条 工場の祭典」。

[このSDGsが深く関係しているよ]

この課題に関係する仕事の例

博物館学芸員　文化庁職員　伝統文化継承者　伝統文化保存団体職員

日本中に眠る未利用資源

くわしくは
こちら

身近な自然から人まで！？
眠れる資源を活かせ

エネルギーや食料資源は輸入に頼っている日本ですが、実は身近に使われていない資源がたくさんあります。国土の3分の2を占める森林は、木材として使われているのはごく一部。スキルや意欲はありながらさまざまな事情で働けない人も資源といえます。こうした未利用資源を活用するアイデアが、社会を豊かにし、経済を支えるカギになるでしょう。

森林資源は、発電するための「バイオマスエネルギー」にもなるよ。間伐材を細かく砕くと発電の燃料になる木質チップを作れるんだ。地域の未利用資源を無駄なく活用できれば、エネルギー問題の解決に貢献できるかもしれないね！

[このSDGsが深く関係しているよ]

この課題に関係する仕事の例

| バイオマス研究者 | 地域プロデューサー | 人材コンサルタント |

くわしくは
こちら

老杇化が進む インフラ

まちの大事なインフラである 道路や橋はもう限界！？

私たちの暮らしを支える道路や橋、トンネルなどの交通インフラのうち、2023年に建設後50年を迎えるのは4割にものぼります。雨風にさらされ、自動車走行や地震の衝撃に耐えてきた建設物は、補修・建て替えが必要です。国や地方自治体のお金に限りがあるなか、どのように対応していくべきでしょうか。

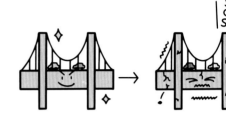

道路などの工事に3Dプリンタの活用が期待されているよ。「工事現場にプリンタを置いて、その場で材料を印刷！」なんていう方法が実現すれば、工事のお金を節約できたり人材不足も解消できたりするかも。

現場に3Dプリンタを設置し、縁石を直接印刷する実験の様子。

[このSDGsが深く関係しているよ]

この課題に関係する仕事の例

建築施工管理技士　　耐震診断士　　土木施工管理技士　　新素材開発メーカー

自然災害大国日本

くわしくは
こちら

災害が多発する国だから
日常でも防災意識を

日本は世界で最も災害が多い国。地震(じしん)はひんぱんに発生していて、人々の大きな関心事になっています。気候変動の影響(えいきょう)で台風や大雨による被害(ひがい)も増え、私たちは日頃(ひごろ)からいろいろな自然災害に備えなければなりません。被害(ひがい)を小さく抑(おさ)える仕組みづくりと、一人ひとりが防災意識をしっかりと持つことが、安心して暮らせる社会につながります。

国では災害からの「逃(に)げ遅(おく)れゼロ」を目指しているよ。特に洪水(こうずい)は川の氾濫(はんらん)に気づけなかったり、「家にいた方が安全」と思い避難(ひなん)しない人もいるんだ。みんなに防災意識を広めるにはどうしたらいいだろう?

[このSDGsが深く関係しているよ]

この課題に関係する仕事の例

| 建築士 | 構造エンジニア | 地域防災マネージャー | 防災用品開発者 |

見直したい ローカル経済

くわしくは
こちら

地域が元気になれば 日本全体に元気が生まれる！

コロナ禍をきっかけに地域に移住する人が増えています。暮らしやすさに注目が集まりがちですが、豊かな自然や固有の文化など、新たな産業を生む資源の存在も見逃せません。ローカル経済が盛り上がれば持続可能なまちづくりを後押しし、それが日本全体に活力を生みます。地域の価値を再認識する視点が必要です。

三重県いなべ市では移住者が会社を立ち上げ、無農薬食材を使った食堂や雑貨屋を運営しているんだ。こうした移住者のアクションは地域の人たちからも歓迎され、まちの活性化に貢献しているよ。

社員全員が移住者の「松風カンパニー」。

［ このSDGsが深く関係しているよ ］

この課題に関係する仕事の例

地域おこし協力隊　　地域活性プロモーター　　自治体の地域産業課職員

復活できるか 水産王国日本

くわしくは
こちら

漁獲量減少に漁師不足…
水産王国の行く末は？

海に囲まれた日本は、かつては「獲れる魚の質・量ともに世界一」といわれる水産王国でした。しかし乱獲や気候変動により魚の数が減少し、漁師などの水産業従事者の高齢化も深刻化。現在水産物の食料自給率は、ピーク時の半分近い56%まで落ち込んでいます。養殖技術の革新や計画的な漁業の普及など、新たなアクションが期待されています。

持続可能な水産業に貢献していることが一目でわかる「MSC認証」って知ってる？ 水産資源や海洋環境に配慮して獲られた魚や、それを使った食品にMSC「海のエコラベル」が表示されているから、買い物のときにチェックしてみてね。

[このSDGsが深く関係しているよ]

この課題に関係する仕事の例

| 漁師 | 養殖業者 | 水産加工品メーカー | 海洋資源研究者 |

止まらない気候変動

くわしくはこちら

猛暑や大雨などの異常気象は人間の活動が招いている

最近では、猛暑や大雨、洪水など気候・災害に関するニュースがひんぱんに報じられています。社会の豊かさを追い求めるあまり、CO_2の排出や森林伐採など環境に負荷をかけた結果が気候変動であり、私たちも無関係ではありません。経済や暮らしの在り方を見直し、気候変動に「ストップ」をかけられるのは人間だけなのです。

猛暑は私たちの健康などに影響を与えるほか、空気中の水蒸気の量が多くなり激しい雨が降りやすくなったり、地面や草木が乾燥することで山火事が起きやすくなったり、二次災害を招く原因になるんだ。

[このSDGsが深く関係しているよ]

この課題に関係する仕事の例

環境エンジニア　　再生可能エネルギー研究者　　気候科学者

 # 非効率すぎる 政治・行政

くわしくは
こちら

政治の世界が変わらないと
日本は良くならない？

明治以降の日本では、中央（東京）の政治と行政の号令のもと、国家が運営され、経済発展を促す構図が続いてきました。しかし、昔のままの仕組みや習わしによる不透明で非効率な運営では、山積みになっている課題にスピーディーに対応できません。国家公務員の長時間労働も課題になっています。スリムでオープン、無駄のない政治のかたちを確立しなければなりません。

全国の自治体で導入が始まっている生成AIを、政府内でも活用できるか議論が進んでいるよ。安全に活用できて、多忙な政治運営をサポートしてくれるようになれば心強い味方だね。

政府内の業務効率化に生成AIの利用を検討中。
（写真：毎日新聞社提供）

[このSDGsが深く関係しているよ]

この課題に関係する仕事の例

政治家　　行政改革担当職員

社会づくりに参加しやすく

くわしくはこちら

生きやすい社会はみんなでつくる

国民の気持ちや考えを伝える選挙に18歳から投票できるようになりました。ただ、選挙だけが社会をつくる方法ではありません。地域のボランティア活動に参加したり、まちづくりに使うお金を寄付したり…。小さなことでも自分から行動を起こし、社会に参加して身近な課題を解決することも、立派な社会づくりです。

政府や自治体よりも小さな町内会・自治会も、より良い社会づくりに欠かせない存在。鹿児島市唐湊山の手町では2020年に高校3年生の金子陽飛さんが町内会長に就任したよ。ぼくたちも社会づくりにどんどん参加したいね！

17歳で町内会長になった金子陽飛さん。

[このSDGsが深く関係しているよ]

この課題に関係する仕事の例

まちづくり団体職員　　地域コミュニケーター　　自治体のまちづくり推進課職員

時代に合わせた 幸せの模索と実現

くわしくは
こちら

夢や希望を描いた先に 自分らしい人生がある

幸せのかたちはひとつではなく、人によって、時代によって変わります。だからこそ一人ひとりが理想の幸せを見つけ出し、実現に向けて行動することが大切です。一方で、コロナ禍で孤立化が進み、夢や希望を描きづらくなった人も少なくありません。自分らしい幸せな生き方を描き、社会もそれを受け入れるにはどうすれば良いのでしょうか。

毎日の楽しみとして「推し活」をしている人もいるよね？ 推し活が幸福度を高めるって調査結果があるんだ。好きなもの・ことに夢中になったり、誰かと一緒に応援することが、幸せな気持ちにつながるんだね。

「推し活」の個数と幸福度
幸福度が8点以上（10点満点）の人の割合

3個以上	2個	1個	なし
42.2%	40.7%	31.8%	20.9%

「推し活」の個数とは、「休日や自由な時間に、できるだけ多くの時間・労力・お金をかけている趣味や活動と定義」

NRI「日本人の生活に関するアンケート調査」より作成

[このSDGsが深く関係しているよ]

この課題に関係する仕事の例

アーティスト　　科学者　　料理人　　あなたの夢を叶える仕事ならなんでも！

くい止めたい
不信と不和の連鎖

くわしくは
こちら

戦争により子どもたちの
未来が奪われている

ロシアによるウクライナ侵攻をはじめ、世界各地で戦争・紛争が起きています。私たちの身近な生活の中でも、SNSでの誹謗中傷やフェイクニュースなど、人と人の信頼関係を損ない、地域社会や家庭、学校での関係性の構築を妨げるような出来事が起きています。子どもたちが安心でき自分らしい未来を描けるよう、不信と不和の連鎖を断ち切り、前向きな社会をともにつくらなければなりません。

ロシアの侵攻を受けているウクライナの状況に関心のある17〜19歳は60%ほど。遠く離れた国の出来事だと感じている人もいるんだね。自分事としてとらえるにはどうしたらいいんだろう？

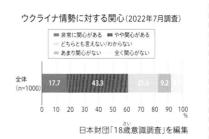

ウクライナ情勢に対する関心（2022年7月調査）

■ 非常に関心がある　■ やや関心がある
■ どちらとも言えない／わからない
■ あまり関心がない　■ 全く関心がない

全体
(n=1000)　17.7　43.3　21.6　9.2

0　10　20　30　40　50　60　70　80　90　100
%

日本財団「18歳意識調査」を編集

[このSDGsが深く関係しているよ]

この課題に関係する仕事の例

外交官　　国連職員　　国際協力NGO職員　　平和学研究者

グローバルでつながる経済の課題

くわしくはこちら

「自分さえ良ければいい」ではもうやっていけない

コロナ禍での経済不況、戦争による貿易ネットワークの混乱、気候変動下の食料不足など、経済のグローバル化により日本社会や私たちの生活に影響を与える変化が多発しています。これらは地球規模で共有すべき課題であり、世界中の企業や人々が連携することではじめて解決へと向かいます。「自分の国さえ良ければいい」という考えでは、もう乗り越えられないのです。

ぼくたちの身近なところでは、2021年に起きたフライドポテトの品薄も世界情勢と関係しているよ。カナダで起きた水害被害やコロナ禍による世界的な物流ネットワークの混乱で、ポテト不足になったんだ！

日本マクドナルドではポテトの販売を一時制限した。

［ このSDGsが深く関係しているよ ］

この課題に関係する仕事の例

| 総合商社 | 海運会社 | 大手グローバル企業 |

高ストレス型社会からの脱却

くわしくは
こちら

不安、中傷、孤独感…
ここから解放されるには？

日本は暮らす人の約半数が「日常生活での悩みやストレスがある」と答える高ストレス社会です。SNSなどでの中傷に傷つき自ら命を絶ってしまう人がいるなど、ストレス問題は深刻化しています。生きづらさや不自由さから解放されて、他者を信頼し、心穏やかに生活できる社会をつくるうえで、いま欠けていることはなんでしょうか。

中学生の大きな悩みは成績や受験、将来のことなんだ。ほかにも外見や対人関係など悩みはいろいろ。家族、友だち、学校の先生など心を開いて話せる人に相談して、モヤモヤした気持ちが少しでも晴れるといいね。

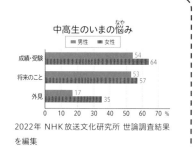

中高生のいまの悩み

■男性　■女性

成績・受験	54 / 64
将来のこと	53 / 57
外見	17 / 35

2022年 NHK放送文化研究所 世論調査結果を編集

[このSDGsが深く関係しているよ]

この課題に関係する仕事の例

精神科医　スクールカウンセラー　産業医　コミュニティ支援団体職員

日本の課題をもっと知ろう、解決のアイデアをみんなで共有しよう！

「社会課題解決中マップ」「応援会議 ── Beyondミーティング」

ETIC.は、社会課題に取り組み、もっと日本を元気にしようと活動するみんなを応援するNPO法人です。ウェブサイトで日本の社会課題についての情報を発信したり、話し合いの場を提供しています。日本の社会課題やSDGsに関心を持った人は、ぜひこちらも見てみてくださいね。

日本の課題についてもっと知りたい！

くわしくはこちら

「社会課題解決中マップ」を見てみよう

ETIC.では、P32-34で紹介した日本の社会課題を解説した「社会課題解決中マップ」をウェブサイト上で公開しています。それぞれの課題にひもづける形で、解決に向けて取り組まれているプロジェクトも紹介。その数、なんと600件以上！誰がどんなふうに取り組みを進めているのか、ぜひ覗いてみてくださいね。

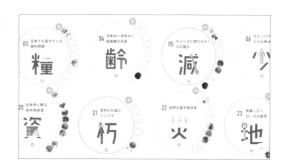

解決のアイデアをみんなと共有したい！

くわしくはこちら

「Beyondミーティング（応援会議）」に参加しよう、開催しよう

この本を読んで「こういうことをやってみてはどうだろう」「これも課題じゃないか」などのアイデアが頭に浮かんだら、ぜひみんなで共有しましょう。ETIC.では、毎月1回、「Beyondミーティング」という応援会議イベントを開催しています。「Beyond」とは、「お互いの立場を超えて」という意味。高校生や大学生、企業の人、公務員やNPOの人も、みんなで一緒になって実現したいアイデアを発表し、応援し合う場です。実際に高校生のアイデアからプロジェクトが立ち上がり、実現に向けて動き始めたこともあります。「Beyondミーティング」は、アイデアを持っている人同士が集まれば、いつでもどこでも開催できます。みんなも、学校や部活動、おうちの人とやってみよう！

● 「Beyondミーティング」の流れ

「もっとこうしたい」「こんなことがあったらいいな」などのアイデアを持っている人同士で集まろう。

↓

それぞれの人がアイデアを発表しよう。

↓

「アイデアをもっとよくするには？」「本当に実現するにはどうすればいい？」とみんなで一緒に考えてみよう。

中学生が自由研究をテーマに アイデアを出し合う授業

聖学院中学校「自由研究版 Beyondミーティング」

東京都にある聖学院中学校では、毎年夏休みの自由研究が行われています。その中間発表では、NPO法人 ETIC.の協力のもと、中学生と大人が一緒になって自由研究をより面白くするための話し合いをしているよ。

どんな内容の授業なの？

クラスメイトのアイデアで 自由研究がもっと面白くなる

聖学院中学校とETIC.がコラボレーションした「自由研究版 Beyondミーティング」は、自由研究の発表をBeyondミーティングのやり方でやってみよう！という試みだよ。出されたアイデアに対して、「ここが面白い」「ここに可能性があると思う」とアイデアを重ねていく話し合い方をしていくのが特徴なんだ。

まず発表者（Aさん）が「自由研究の青写真（計画書）」を見せながら、ここまでに考えたことや調べたことを発表。それを聞いた参加者は、Aさんの自由研究がもっと面白くなるためのアイデアをその場でどんどん出していくんだ。「インスタを使ってみたら？」「こんなグッズがあったらいいよね」など、普通の自由研究ではちょっとやらなそうな発想も大歓迎。

そして最後にAさんが、たくさん上がったアイデアの中から1つ、これをやってみたいな！と思ったことを選びます。参加した生徒たちは、話し合いの中から得たヒントをもとに、最終発表に向けてそれぞれの自由研究を進めていくんだよ。これまで、「鉄道のリサイクル」「宇宙のSDGs」「魚と環境問題」「ホラー映画と人種差別」などさまざまなテーマで発表が行われたんだって。

発表で使う自由研究の青写真（計画書）シート。

発表会は夏休み中にオンラインで開催。2,3人の生徒と大人（ETIC.のBeyondミーティング経験者など）がグループになって進めていくよ。

過去には「寿司」をテーマにした中学生もいたらしいよ！他の人から意見をもらえるとうれしいし、自分では気づかないアイデアも生まれるものだよね。オレもどんどん意見を出すぞ〜！

第3章
課題を解決する
取り組みを知ろう！

日本で起きているさまざまな社会問題を知ったけんた。
「寿司職人として働きながら社会や環境の課題解決に取り組む方法ってなんだろう…?」
ヒントを求めてインターネットで調べていると、ある記事を見つけます。

「『木を植える鮨屋』?どういうことだ?」
記事には、宮城県を中心に寿司店を展開する「アミノ」が植樹活動に参加していると書いてあります。

「植樹って森とか山を守るための活動じゃないの? 寿司職人なら海のためになることをするはずなのに…」
疑問を抱いたけんたは、現地で植樹活動に参加して確かめようと、宮城県に出発!

海が広がる宮城県気仙沼市。
けんたを出迎えたのは
植樹祭を主催する「森は海の恋人」の
畠山重篤さんと
アミノの上野敏史さん。
「よく来てくれたね、けんたくん！」

「それじゃ、植樹祭の会場に出発するよ！」
けんたを乗せた車が走り始めると、海から
遠ざかり、どんどん森の中を進んでいきます。
「海から遠く離れた場所で植樹して、海のた
めになるのかな…」

植樹会場に到着すると、畠山さんはけんたにやさしく語りかけます。「森の自然環境が育んだ
養分を川が海へと運ぶことで、魚や貝のえさとなる植物性プランクトンが育つんだ。つまり、
山や森が健康じゃないとたくさんの魚が獲れる豊かな海にはならない。だから私たちは木を
植えているんだよ」

「寿司をたくさんの人に振る舞えているのは、海の恵みがあるからこそ。森のおかげで、海はいろんな魚の"ゆりかご"になっているんだよ。そんな大切な森を守りたくて、毎年植樹活動に参加しているんだ」

上野さんは苗木を大切そうに植えています。

「この小さい苗木が、あんなに広い海の豊かさを支えるようになるなんて、信じられないな…」

けんたは苗木を手に取り、まじまじと眺めます。

「けんたくんがいま見ている海は、何十年・何百年前の森の養分がつくり上げたものなんだ。けんたくんが植えた一本の苗木も、そうやって遠い未来にこの景色の一部になっていくだろう」と畠山さん。

植樹祭を終えて、けんたはクタクタ。
上野さんはそのがんばりをねぎらいます。「がんばったからお腹も空いたよね？ 私たちの寿司屋では『地産地消』に取り組んでいるんだ。豊かな森と海が育んだ食材をぜひ食べていって！」

皿にたっぷりと盛り付けられた寿司にけんたは大喜び。
「さば、金華ウニ、三陸あなご、かき…どれもおいしい！ 地域自慢の海の幸で寿司を作りながら、
その食材を育む地域の自然を守るために活動する…。そんな働き方もありかも！」
寿司職人として働きながら、課題解決に取り組んでいく姿が見えてきたけんたでした。

森づくりを通して
豊かな海を守っていく

森は海の恋人 植樹祭

森と海は「ふたつでひとつ」
一本の苗木が海の養分になる

宮城県でかき養殖をしていた畠山重篤さんは、三陸の海の環境を守ることを目的に1989年から植樹活動をスタート。毎年6月に「森は海の恋人植樹祭」を開催し、会場の岩手県矢越山には全国から1000人近い参加者が集まり、ナラやクヌギなど約40種類の落葉広葉樹をみんなで植えているよ。宮城県を中心に寿司店を展開するアミノも、この植樹祭に参加しているんだ。

宮城県の海から遠く離れた岩手県の山で植樹活動する理由は、森から川、そして海へと運ばれ

植樹祭には川の流域に暮らす岩手県の小学生たちも参加。

る養分が、海の植物プランクトンを育てて、その結果たくさんの魚や貝が成育する海がつくられるから。山の落ち葉などが微生物によって分解されてできる養分が、海の豊かさを育てているんだ。まさに、「森は海の恋人」ということだね！

森は海の恋人
理事長
畠山 重篤さん

「森は海の恋人植樹祭」は三陸の海の豊かさを守るだけではなく、「木を人の心に植える」ことも目的なんです。植樹を通して木や土に触れ、自然の成り立ちにかかわる知識を得ることで、森と海のつながりを意識してもらえたらうれしいな。

アミノ
代表取締役社長
上野 敏史さん

植樹祭に参加しはじめたきっかけは、2011年の東日本大震災。地元宮城県の寿司屋として、海産物に恵まれた環境を未来に残したいと思ったんだ。最初は「植樹のお手伝い」の気持ちで始めたけれど、いまでは自分も「豊かな環境をつくる主人公」のひとりだと思ってやっているよ。

森と川と海、それぞれがつながり合って三陸の海はできているんだね。30年以上みんなの先頭に立って植樹する畠山さんと、寿司を握るのと同じぐらい本気で植樹をする上野さんから、地域の一員としての強い意識が伝わってきたよ。

地域の映画館を
子どもの居場所にする

うえだ子どもシネマクラブ

学校が苦手？ それなら
映画館に「登校」しよう

　長野県上田市にある、100年の歴史を持つまちの映画館「上田映劇」。ここで、不登校など学校に行きづらい子どもたちに、「映画を見においで」と呼びかける活動をしている人たちがいる。

　毎月2回、子ども向けに映画を無料で上映。映画を観る以外にも、カフェスペースでお茶をしたり、絵を描いたり、過ごし方は自由。親や兄弟と来る子も多くいるよ。

　この活動は、上田市内の3つのNPO[*1]が、子どもの孤立を生まない居場所づくりのための事業として2020年度にスタート。学校によっては、この上映会に参加することを「登校」として出席扱いにするケース[*2]もあるんだ。

　活動を続けるなかで、地域のさまざまな支援団体との連携も始まった。映画館に来ることをきっかけに、困っている子どもや若者が、地域の支援・サポートにつながる可能性が生まれているよ。

[*1]…NPOの中間支援を行う「アイダオ」と、映画館の運営を担う「上田映劇」、若者の自立支援をする「侍学園スクオーラ・今人」の3つのNPO。
[*2]…2017年から日本で施行された「教育機会確保法」の適用による。

　私は上田市の出身で、ずっと国際協力の仕事がしたくて、大学を卒業した後はフィリピンで活動するNGOで働きました。フィリピンでは本当にその日の食べものがなくて困っている子どもがいましたが、日本では10〜20代の死因で一番多いのが自死だとその頃知って。日本にも課題は山ほどあると感じて、出産をきっかけに上田市に戻ってからは、いろいろと地域の活動をするなかで、地元の子どもの居場所づくりにも取り組んでいます。

　私自身は「やってみたい」と思ったら直感的に飛び込んで、それから好きか嫌いかを考えていくタイプ。飛び込んだ先で「こんなこともしてみない？ 手伝ってくれない？」と言われて、その繰り返しでいまがあります。もし、いま将来に悩んで動けなくなってしまっている人がいたら、「やってみると道が開けることって意外とあるものだよ」と伝えたいな。

うえだ子どもシネマクラブ
コーディネーター
直井 恵さん

映画館に登校するって面白いね！ 映画館を使ってこんなことできるんだ、って驚いちゃった。直井さんはいろいろ動いてみたことで、思いもよらない依頼が来るようになったんだね。私も、気になったことはどんどんやってみようっと！

障害のある作家の作品を
商品に「変身」させる会社

ヘラルボニー

「障害」という言葉の
イメージを変えていく

日本全国には「福祉施設」と呼ばれる、生活に手助けが必要な人たちが支援を受けたり、自立して暮らせるよう技術を学ぶ場所がある。ヘラルボニーは、福祉施設にいる障害のある人が描いたアート作品を、さまざまな商品にしている会社なんだ。ネクタイやハンカチ、シャツなど洋服のほか、建設現場の仮囲いのデザインやホテルの内装も手がけているよ。

会社を作ったのは、双子の兄弟、松田崇弥さんと文登さん。ふたりには4つ年上の兄・翔太さんがいて、重い知的障害がある。このお兄さんがいたことが、

ヘラルボニーを立ち上げるきっかけになったんだ。

いまではJALや資生堂をはじめ、たくさんの企業とのコラボレーションも次々実施するなど注目されている。「障害」という言葉のイメージを塗り替えながら、活動を広げているよ。

**ヘラルボニー
代表取締役副社長
松田 文登さん**

**ヘラルボニー
代表取締役社長
松田 崇弥さん**

僕たち双子にとって、兄がいる福祉施設は小さい頃から馴染みのある場所で、障害がある人が周りにいることもふつうでした。それがどうも当たり前ではないらしいと感じたのは、小学校高学年になってから。障害のある人への差別や偏見に触れて、ずっとはがゆく思っていました。

社会人になって数年、運命の出会いがありました。地元の岩手県にある美術館で、障害がある人が作ったアート作品を見たんです。カッコいい！と感動して、これを商品にして世の中に届けたいと強く感じました。「障害者アート」というと「支援するために買うもの」と思われがちですが、僕たちは純粋に作品がカッコいいから届けたいと思っているんです。まず自分がワクワクする気持ちがあって、それを突き詰めた結果、社会課題の解決につながっている。そんなあり方を大切にしています。

ヘラルボニーのグッズ、とってもオシャレ…！こんな素敵なデザインを作ったのは誰なの？って思うと、自然と作った人への興味がわいてくるね。買う人にとっても、ワクワクする気持ちが入り口になるんだね。

地域でシェアする“みんなの車”が日々の移動で大活躍

日本カーシェアリング協会

カーシェアリングの運営で地域の交流が活発に

2011年の東日本大震災で約6万台の車が津波に流された宮城県石巻市。たくさんの人が移動に困るなか、全国から寄付された車を活用して始まったのが「コミュニティ・カーシェアリング」だよ。

利用する人たちで車やキーを管理し、運転する人も当番制にするなど、地域みんなでカーシェアリングを運営しているのが特徴なんだ。利用者は高齢者が中心で、買い物や通院など日々の移動に利用されているよ。

カーシェアリングの運営は、地域コミュニティづく

りにもつながっているんだ。車の貸し借りで連絡を取り合ったり、みんなで移動する以外にも、お茶を飲みながらおしゃべりをする“お茶っこ”や、旅行の企画などいろんな交流の場が生まれていて、地域の人たちの関係性はどんどん深くなっているよ。

震災の後、私たちは全国から車の寄付を募り、仮設住宅に車を届けました。そして、届けた車の管理や、利用ルール、運転する人などを決める仕組みは地域の人たちで考えてほしいとお願いしました。利用者みんながカーシェアリングに主体的にかかわる仕組みにしたかったからです。地域の人たちに、自立した暮らしを一日も早く送ってほしいと思い始まった取り組みなんです。

日本カーシェアリング協会
ソーシャルカーサポート
事業部 事業部長
石渡 賢大さん

カーシェアリングの利用者と接していて印象的なのは、誰かを乗せてあげることにやりがいを持って運転したり、利用者同士で楽しそうに会話する姿です。震災で失われかけていた地域への誇りや自信、日々の喜びが戻ってきています。それは私たちのおかげではなく、地域の人たちが自らの意思で参加したからだと思います。

カーシェアって車がない人のためのサービスだと思っていたけど、こんなふうに地域を元気にできるんだね。みんなで一緒に出かけると楽しくて、仲良くなる感じ、わかるなあ。おじいちゃん、おばあちゃんがニコニコしていて、ぼくもうれしくなっちゃった！

「ごみ」について芸人さんと楽しく一緒に考えるテレビ番組

～なぜここにいるの？～ごみ物語

2023年4月にレギュラー放送をスタートしたバラエティ番組『～なぜここにいるの？～ごみ物語』。街に落ちている「ごみ」をテーマにして、芸人さんと一緒に楽しく考える番組だよ。実はこの番組が生まれるきっかけの一つに、本書シリーズがあったという話をキャッチ！さっそく、番組を企画したテレビ朝日の佐藤麻衣さんに話を聞いてきました。

どんな番組なの？

　ごみ清掃員としても活躍している芸人の滝沢秀一さん（マシンガンズ）が、森田哲矢さん（さらば青春の光）、岡野陽一さんとごみ拾いをする番組だよ。街に落ちているごみを見つけて、「何でここに落ちているんだろう？」「どんな人が使っていたんだろう？」と楽しく妄想を広げていくんだ。

　この番組、実はテレビ朝日社内の企画コンテストで採用されて実現したもの。企画を出した佐藤麻衣さんは、本書シリーズ（2020年発売『未来の授業 SDGsライフキャリアBOOK』）を読んで、

テレビ朝日で毎週木曜深夜2:13～レギュラー放送中（一部地域を除く）／録画や見逃し配信（TVer, ABEMA, TELASA）で見てね！＼

テレビ局でも「ごみ」の問題に何かできないかと考えて、この企画を思いついたんだって。

テレビ朝日
ビジネスプロデュース局
ライツマネジメントセンター
佐藤 麻衣さん

　私が「ごみ」に興味を持ったのは、小学校3年生の頃です。クラスにお父さんがごみ収集の仕事をしていた友達がいて、「みんながなりたがる職業じゃないけど、とても大事な仕事なんだよ」と教えてくれて。それから、街で清掃員の人を見ると、その言葉を思い出すようになりました。そして、私はお笑いも大好き！ごみ清掃員をしながら芸人活動をするマシンガンズの滝沢さんの活動を、自然と応援するようになって、この番組の企画につながりました。私も普段ごみ拾いをするのですが、拾っていると少し照れくさいときもありますよね。そんなときは「ごみ物語の3人の真似をしているだけだよ～」と言ってみてほしいな。これからも、「ごみ」について楽しく考えて、話せるきっかけを提供していくね！

佐藤さんは、小学校のときの友達の言葉から「ごみ」について考えるようになったんだね。そこから関心を持ち続けて、テレビ番組の企画につながったなんてすごいな～。私もごみ拾い、やってみようかな！

第4章
課題解決に挑む
企業にインタビュー

植樹活動に参加してから、寿司職人として社会貢献する方法探しに力が入るけんた。

地域の食産業や文化を守るために、地産地消に取り組む寿司職人。

海洋資源を無駄なく活用するために、未利用魚を使った寿司を握る職人。

けんたはさまざまなアプローチで課題解決に取り組む寿司職人がいることを知ります。

「日本各地でいろんな取り組みが行われているんだな。オレは将来どんな課題を解決すればいいんだ?」

なかなか思い浮かばないけんたは、学校でゆみ、アレックス、みのりに将来就きたい仕事について聞いてみます。

アレックス「ぼくは医師として、病気で困っている人たちを医学の力で助けたいんだ」
みのり「日本で暮らす外国籍の子どもたちの、悩みに寄り添うケアラーになりたいな」
ゆみ「わたしは開発途上国でビジネスを興す起業家になって、地域の人の役に立ちたいの！」
けんた「みんなは『誰かのためになりたい』っていう気持ちで仕事を考えているんだな…」

「仕事をする"理由"は、人によって違うのかも。自分のように好きを追求する人はいるのかな？」
たくさんの人の仕事に対する考え方を聞いてみたいと探究意欲が高まったけんたはゆみ、アレックス、みのりに声をかけて企業取材の旅に出発します。

AOKI'

WELCOME | AOKIからの取材招待状

広報室
比本 佳奈さん

もう着られない服ってどうしてる？

服を回収してリサイクル、

新しい服に生まれ変わらせる

仕組みを紹介するよ！

Q AOKIさんは何をしている会社なの？

みんなのお父さんやお母さんが仕事や結婚式で着たり、みんなが入学式や就職活動で着るスーツなどの衣類を販売しているお店だよ。最近は仕事にも普段にも使えるカジュアルでおしゃれな服を開発して、いろんなライフスタイルに合わせたファッションも提案しているんだ。

ビジネススーツや礼服（フォーマル）など、いろんなスーツを作っているよ。

スーツは「大人の服」って感じでかっこいいよな〜。
オレも入学式や成人式で着てみたい！

Q AOKIさんのSDGsアクションは?

着なくなった服を回収する「OKAERI エコ プロジェクト」

ファッション業界では、年間約48万トンもの服がごみとして捨てられていて、問題になっているよ。まだ使える服もあるからもったいないし、焼却処分するとCO2が出るから地球環境にも良くないよね。そこで私たちは、ごみとして捨てられる服を再利用・再資源にするために服のなかでもウール製品とポリエステル製品を中心にお店で回収しているよ。全国にある600店舗で回収した服は年間約250トン! これはスーツに換算すると約25万着、Tシャツなら約125万着というすごい量なの。

全国にあるお店が服を回収する窓口になっているよ。着なくなった服を持ってきてね。

SDGsアクションのPOINT

回収した服の多くは自動車用の布素材（吸音材）として再利用されているよ。ポリエステル製品のうち、まだ着られるものは服として再利用したり、新しい服の素材になる「再生繊維」にリサイクルしているの。

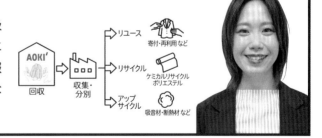

1年で250トン! それだけたくさんの服がごみにならずにすんで、本当に良かったね。

Q ほかにはどんなSDGsアクションがあるの？

リサイクルされた素材を使って 新しい服やシューズを作っているよ！

いらなくなった服や衣料品工場から出る繊維くずから作られる「再生繊維」を使って、新しい服を作ることにも挑戦しているよ。2020年には再生繊維を使用した初めての商品「サスティナブルシャツ」を発売したんだ！ 再生繊維はリサイクルの手間がかかる分、服を作るのにお金がかかってしまうけど、開発・試作を繰り返して多くの人たちに親しんでもらえる商品ができたよ。最近では、回収したスーツから、シューズを作ることに成功したよ。

回収したスーツを有効活用した「ウールエコシューズ」。

いらなくなった服から、新しい服が作れるなんて！ 再生繊維を使った服が増えれば、資源を無駄にせずにすむね。

そのほかのSDGsアクション

製造過程で出る革の切れ端も無駄にしません！ 「再生レザー」として使われているよ

ベルトやバッグなどの革製品を作るときに出る革の切れ端も大事な資源！ 切れ端を砕いて固めた「再生レザー」で、レザートートバッグやスニーカーを開発したよ。革も大事な資源だから余すところなく使うんだ。

革のリサイクル素材「再生レザー」を使った「再生レザートートバッグ」。

Q AOKIさんが目指す未来は?

「いらなくなった服から新しい服を作る」
資源が循環する取り組みを広めていきたい

いつの間にか着なくなっている服ってあるよね? 私たちはいらなくなった服を捨てるのではなく、「資源として活用する」ことが当たり前になる社会を目指しているよ。回収した服をリサイクルして新しい服として生まれ変わらせることができれば、新しいファッションを楽しみながら、地球上の資源も守れるの。そもそも、服を捨てないで長く大切に着てもらうことも大事! お店では、スタイリストがお手入れ方法を教えてくれるから気軽に聞いてみてね。みんなで「サステナブルファッション」を楽しみましょう。

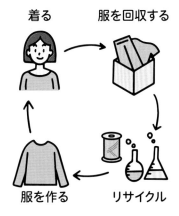

着る　　　服を回収する

服を作る　　　リサイクル

スタイリストが服に関する質問に答えるよ。

取材の感想

ぼくは毎年背が伸びているから、お気に入りの服でもいつの間にか着れなくなっていることがあるよ。大好きな服だからこそ、新しい服の素材として使ってもらえるようにリサイクルしてみるよ!

研究開発部
杉浦 裕幸さん

「水」の技術開発を通じて

植物も人もいきいきと輝ける

社会を目指しているよ！

Q 赤塚植物園グループさんは
何をしている会社なの？

三重県最大級の園芸専門店「FFCパビリオン」や、季節ごとの植物が楽しめるガーデンなどの運営をしているよ。60年以上にわたって、植物の栽培や品種改良を行うほか、植物や動物がいきいきと育つことをサポートする水の技術「FFCテクノロジー」の研究や製品開発も行う会社なんだ。

「FFCパビリオン」では季節の花や観葉植物、野菜の種や苗を販売しているよ。

「FFCテクノロジー」を応用して、清涼飲料水「FFCパイロゲン」や水質を改善する「FFC元始活水器」などが開発されています。

いろんな植物があるからお気に入りが見つかりそう！ でも自分で植物を育てるのは、ちゃんと育てたことがないから、ちょっと心配だな…。

ズバリ質問！

Q 赤塚植物園グループさんのSDGsアクションは？

植物を見て・育てて・学ぶ！
自然の大切さを伝える取り組み

「FFCパビリオン」では園芸を身近に感じてもらえるよう、園芸教室を開催して植物の魅力を伝えています。花や植物は見て楽しむのはもちろん、成長を見守るなかで生命の大切さを学ぶことができるんだ。ひとりでも多くの人に園芸に親しんでもらえたらうれしいな。

20年以上、地域の小学校、支援学校、児童養護施設にチューリップの球根を贈り、植物を育てる楽しさや生命の大切さを伝えています。

40年にわたって水を研究！
健康や環境にやさしい社会をつくる

「FFCテクノロジー」は、特殊な鉄分などを用いて水の機能を高める技術なんだ。農場の花や植物の生育を支えてきた技術は、農業や畜産、水産、食品製造などさまざまな産業で取り入れられて、生産物の品質向上や作業環境の改善に役立っているよ。

FFCテクノロジー

畜産・水産　　食品工場・飲食店　　農業

魚、動物、作物が元気に育ち、食品工場や飲食店の清潔さを保つ「FFCテクノロジー」。働く人の健康や環境にやさしい経営を応援しているんだ。

FUTURE ｜ 赤塚植物園グループが目指す未来

植物を通じて生命の大切さを知り、自然を大切にする人が増えてほしいから、たくさんの人に植物に親しんでもらえるように活動していくよ！ そして、水の機能を高める「FFCテクノロジー」を社会に広めて、人も自然もいきいきと輝く社会を実現したいな。

取材の感想

どんな水を使うかによって、植物や動物の育ち方も変わるし、料理の味も変わるんだって！ 植物が「自然や生命の大切さを教えてくれるもの」っていう考え方は初めて聞いたと思う。私も植物を育ててみたら、花や自然のことや水の大切さをもっと知れるかも！

第一三共ヘルスケア

Daiichi-Sankyo

WELCOME | **第一三共ヘルスケアからの取材招待状**

小さなものでもちゃんとリサイクル。

地球の健康も守る新たなプロジェクト

を紹介(しょうかい)するよ！

サステナビリティ
推進マネジャー
古市 亜美さん

Q 第一三共ヘルスケアさんは
何をしている会社なの？

薬局やドラッグストアなどで販売(はんばい)している医薬品や、化粧品(けしょう)・ハミガキなども作っている製薬会社だよ。かぜ薬の「ルル」や痛み止めの「ロキソニン」、キズ薬の「マキロン」を知っているかな？ 健康に役立つ情報を、ウェブサイト「くすりと健康の情報局」やYouTube チャンネルでも発信しているよ。

「新ルルAゴールドDX α」
かぜの諸症状(しょしょうじょう)の緩和(かんわ)
指定第2類医薬品

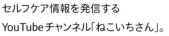

セルフケア情報を発信する
YouTube チャンネル「ねこいちさん」。

「ねこいちさん」のチャンネル見てみたい！ くすりや身体(からだ)の症状(しょうじょう)のことをわかりやすく説明してくれるのはうれしいね。

Q 第一三共ヘルスケアさんのSDGsアクションは？

くすりのごみを資源に変える！日本初*の「おくすりシート リサイクルプログラム」

錠剤やカプセルを指でプチッと押し出して使うアレ、わかるかな？ 私たちは「おくすりシート」と呼んでいるよ。プラスチックとアルミニウムでできていて、リサイクルするにはそれぞれを分離した方がいいんだけど、それが難しく、多くはそのまま捨てられているんだ。私たちは2022年10月に「おくすりシート リサイクルプログラム」の実証実験を横浜市でスタート。使用済みの「おくすりシート」を、市内の一部の病院やドラッグストアなどに設置した専用ボックスで回収して、リサイクルする仕組みづくりを進めているんだ。取り組みは大きな反響を呼んで、約1年で目標の10倍以上のシートが集まったよ。

*テラサイクル ジャパン調べ

おくすりシート 回収しています

おくすりシート リサイクルプログラム
OKUSURI SHEET RECYCLE PROGRAM

おくすりシート リサイクルプログラムの仕組み

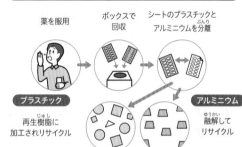

薬を服用 → ボックスで回収 → シートのプラスチックとアルミニウムを分離

プラスチック
再生樹脂に加工されリサイクル

アルミニウム
融解してリサイクル

FUTURE ｜ 第一三共ヘルスケアが目指す未来

日々を楽しく過ごすための健康づくりと、環境に配慮した行動を両立するライフスタイルをこれからも提案していくよ。環境に負荷の少ない製品を選んだり、「おくすりシート」をちゃんと分別したり、地球のためになるアクションが自発的に生まれる社会になってほしいんだ。

取材の感想

「おくすりシート」は国内だけで1年で1万3000トンも生産されているんだって。捨てられるとたくさんのごみになるけど、リサイクルできれば量を減らせるね。オレの周りにも分別すればリサイクルできるごみはありそう。さっそく探してみよう！

コーポレートコミュニケーション室
サステナビリティ推進担当
金沢 直美さん

STOP！紙の無駄遣い！

自然環境を守る、未来のレジや

コピー機を開発している会社だよ。

Q 東芝テックさんは何をしている会社なの？

お店の会計に使われるPOSレジや、学校でも使われているコピー機を作っているよ。私たちの開発したカート型のPOSレジでは、買い物カートについたスキャナーで商品の値段を読み取ることができるんだ。ほかにも買い物カゴを置くだけで、中の商品の情報を一気に読み取ることができる会計システムなどを作っているよ。買い物をした時にもらう電子レシートの枚数に応じて参加できる植林キャンペーンを行うなど、他の会社やお店とのパートナーシップでSDGsの目標達成に取り組んでいるよ。

「POSレジ」についたこの"TEC"の
ロゴが、私たちが作ったあかしだよ！

買い物しながら合計金額を
確認できて、会計の待ち時間
も短縮！

店内で買い物してる最中から、合計金額がわかるんだ～！お会計のときにお金が足りなくて慌てちゃう…なんてこともなくなるし、便利だね！

Q 東芝テックさんのSDGsアクションは？

レシートはスマホで確認「スマートレシート」

買い物をするとレジから出てくる紙のレシート。一つひとつは小さいけれど、合わせれば実はすごい量になるんだ。紙の代わりにスマホアプリで見られるようにして、2022年には年間4000万枚の紙を節約。節約した分のレシートをつなげると、なんと東京からハワイまでの距離と同じになるんだよ！

スマートレシートの公式キャラクター「レシオ」。

使い終えた紙を真っ白に戻して繰り返し使えるコピー機

印刷した紙を使い終わったらすぐ捨てるなんてもったいない！コピー機「Loops」のトナーは、印刷された文字や写真の色が透明に戻るように開発されていて、紙を繰り返し使えるようになるんだ！捨てられるコピー用紙も、新しく使うコピー用紙も減らせる、ダブルで紙の無駄遣いを減らせるコピー機なんだ！

FUTURE | **東芝テックが目指す未来**

紙を無駄にしない取り組みは、自然資源を守れるだけじゃなく、お店や会社で働く人たちがレシート紙をレジにセットしたり、使用済みのコピー用紙を捨てたりする手間も減らせる。働く人が楽になって、環境にも自然とやさしくなれる仕組みを、今後も作っていきたいな。

取材の感想

レシートをスマートフォンで見られるようにするだけで、大量の紙を節約できるなんてすごいアイデアだね。紙を作るための資源を守るためにも、みんなの習慣になっていくといいな。

課題解決に挑む企業にインタビュー

N ニチレイフーズ

サステナビリティ推進部
佐藤 友信さん

CO₂を大幅に削減できて

人も働きやすい、最新の

冷凍食品工場を紹介するよ！

Q ニチレイフーズさんは
何をしている会社なの？

ご飯のおかずやおやつなどの家庭用商品から、ホテル、レストラン、学校給食などで使われる業務用商品まで、いろんな冷凍食品を作っている会社です。1954年に日本で初めて調理済み冷凍食品を発売し、1994年にはいまでは当たり前となった、電子レンジでも揚げたての食感の冷凍食品を発売したんだよ。簡単に作れておいしい商品を通して、毎日の食事やお弁当づくりをサポートしているよ。

「本格炒め炒飯®」や
「特から®」などの
冷凍食品を作っているよ。

日本で初めて冷凍食品を作った会社なんだね！うちでもよく食べてるよ。私のお気に入りは、唐揚げだな〜！

ズバリ質問！

Q ニチレイフーズさんの SDGs アクションは？

環境や人への負荷を削減する
最新設備を活用した新工場

2023年4月から稼働している新しい工場では、最新の発電・冷凍設備を導入して地球温暖化の原因となるフロンガスの排出をなくし、CO_2の排出量も大幅に抑えているよ。さらにAIやロボットを使い食品の焦げたところを自動で取り除くことで、従業員の負担を減らしているんだ。

屋上に太陽光発電設備を設置した福岡県宗像市の冷凍米飯工場。

冷凍食品を無駄にしない！
販売できない商品はフードバンクに

商品の中には、外箱が破れてしまって中身の品質は問題ないけれど販売できないものがあるんだ。これらを児童養護施設や子ども食堂に無料で届けるフードバンクに2006年から取り組んでいるよ。それまで冷凍食品を寄付する取り組みはなかったから、届ける仕組みからつくったよ。

ニチレイグループ	セカンドハーベスト・ジャパン	ニチレイグループ
提供可能商品リストをセカンドハーベスト・ジャパンに連絡	●各施設に必要な商品を打診 ●各施設からの要望をまとめる ●ニチレイフーズに連絡	ニチレイフーズが商品を出庫し、ニチレイロジグループが各施設までお届け

子どもの支援だけでなく、フードロスの削減にもつながっているよ。

FUTURE ｜ ニチレイフーズが目指す未来

地球温暖化やフードロスを解消する取り組みを続けて、自然環境を未来に受け継いでいきたいんだ。私たちだけでできることは限られているから、みんなも社会課題への意識を高めて、解決に向けたアクションを起こしていってほしいな。

取材の感想

AIやロボットは冷凍食品工場にも使われているんだね。たくさんの食品の中から焦げているところを一つひとつ見つけて取るのは大変な作業だと思うから、AIやロボットが手伝ってくれたらすごく助かるね！

Niterra 日本特殊陶業

WELCOME | 日本特殊陶業からの取材招待状

サステナビリティ戦略室
中川 崇代さん

みんなの学校でも使えるかも？

CO_2を出さない発電装置を

開発しているよ。

Q 日本特殊陶業さんは
何をしている会社なの？

自動車に使われるスパークプラグや酸素センサ、また風力発電機や電動モーターの軸などに使われるベアリングボールなどの部品を開発・製造しています。熱や衝撃に強いセラミックスの技術で、世界中の暮らしを支えていくことを目指してものづくりに取り組んでいるよ。

電気を放電させて
燃料を点火させる
スパークプラグ。

Niterra 日本特殊陶業

2023年4月にロゴマークをリニューアル！ ラテン語の「niteo（輝く）」と「terra（地球）」を組み合わせているよ。

セラミックスの技術は、私たちの暮らしを支えるいろんな機器の中で使われているんだね！

Q 日本特殊陶業さんのSDGsアクションは？

地球環境にやさしい発電装置！
「固体酸化物形燃料電池（SOFC）」を開発

水素と酸素から電気を作り出す「固体酸化物形燃料電池（SOFC）」を開発しているよ。SOFCを使うことで、CO_2を出さない発電ができるんだ。近い将来みんなのお家や学校、会社や工場に取りつけて、必要な電力を自分たちで発電するのが当たり前になるかも！

燃料電池は自然災害に強く、いろんな燃料で発電できるよ。

半導体工場で使われる製造装置にも
セラミックスの技術が使われている

スマートフォンやロボットにも使われる半導体。たくさん作られるものだからこそ、製造時の環境負荷を減らそうとしています。製造装置の静電チャックにはセラミックスが使われていて、セラミックスの機能を活用して半導体づくりで重要な温度を均一にキープ！安定した品質の半導体を作れて、ロスの削減に貢献しているよ。

半導体製造装置の「静電チャック」。再利用もしています。

FUTURE | 日本特殊陶業が目指す未来

CO_2を出さずにエネルギーを供給してくれるSOFCと、さまざまなものに使われている半導体をあわせて活用したら、社会全体でクリーンに発電できるかもしれないよね？ 私たちが持つ技術を組み合わせて、環境にやさしく快適な社会を実現していくよ。

取材の感想

CO_2を出さない発電装置が一家に一台あったら、地球への負担はかなり減るんじゃない！？ 自分たちで発電したクリーンな電気で生活する未来が、そこまで来ているなんてわくわくするね。

・PRODUCT'S・

WELCOME ｜ 博報堂プロダクツからの取材招待状

広報部
押本 有里子さん

「社会のために行動したい」企業の
想いや取り組みを、「伝えるプロ」
として後押ししているよ。

Q 博報堂プロダクツさんは
何をしている会社なの？

テレビCMやポスター広告、動画広告をはじめ、イベント、ウェブサイト、キャンペーンのグッズなどいろんなものを作っているよ。広告を見た人たちが「買ってみたい！」「行ってみよう」という気持ちになってもらえるように日々アイデアを考えているんだ。

広告写真や動画などの撮影を社内で行う
ための専用スタジオ。

広告やイベントを通して、たくさんの人に商品やサービスを好きになってもらうお手伝いをしているよ。

広告を作っている会社かぁ～！ アイデアを考えたり、撮影したり、
イベントをしたり、面白そうな仕事だね。

Q 博報堂プロダクツさんのSDGsアクションは？

「環境への負荷は？」「傷つく人はいない？」 あらゆることを考え抜いたものづくり

広告やグッズを作るなかで磨いてきた「人の心を動かす力」をバージョンアップ！ どんな仕事をするときにも、必ず人や環境への意識を取り入れて、私たちのつくるものがよりよい社会の実現につながるよう工夫しているよ。いろんな個性に配慮した広告づくりもそのひとつだね。

P+ESG 博報堂プロダクツの サステナビリティ活動

これからの社会づくりに必要な3つの要素（ESG）に、得意なものづくり（P）をつなげる考え方だよ。

悩める企業のパートナーとして SDGsアクションを考えて実践する

「廃棄物を有効活用したい」「環境保全の取り組みをたくさんの人に知ってほしい」などの悩みを抱える企業のパートナーとして活動しているよ。どんなアクションなら強みが活かせるか、それをどう伝えたらみんなが参加しやすくなるのか、アイデアを出しかたちにしていく仕事なんだ。

取り組みをどうやって発信すればいいかな？
うちの会社らしいアクションって何だろう？

目指している未来の社会、どんな言葉なら伝わる？

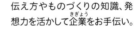
伝え方やものづくりの知識、発想力を活かして企業をお手伝い。

FUTURE ｜ 博報堂プロダクツが目指す未来

「人の心を動かす」プロフェッショナルとして、企業の課題解決アクションを世の中に広め、SDGsにみんなが前向きに協力しあって取り組める社会にしていくよ。そして、私たちが手がけた広告や体験がきっかけとなり、よりよい社会について考えてくれたらうれしいな。

取材の感想

社会や環境のために行動したいという気持ちはあっても、何から始めたらいいのかわからない人はたくさんいるものね。押本さんたちが"みんなと企業と社会をつなぐ"存在になって、課題解決のアクションがもっと増えるといいな！

HIROTSU BIO SCIENCE

執行役員(COO)
鈴木 彬さん

体長1ミリの小さなヒーロー！

「線虫」が持つ能力で

がんのリスクを見つけやすくするよ。

Q HIROTSUバイオサイエンスさんは
何をしている会社なの？

生物の能力を活かしたがんの検査技術を研究開発している会社だよ。がんはいまや2人に1人がかかる病気といわれていて、早く発見できるほど治りやすくなるといわれているんだ。私たちが開発した「N-NOSE（エヌノーズ）」は線虫を活用してがんのリスク検査をするよ。

「N-NOSE」は尿で手軽にがんのリスクを検査できます。

2023年からは犬と猫の検査も可能に！

生物の力でがんを検査するってすごいアイデアだ！ でも、線虫はどうやってがんを見つけるんだろう？

Q HIROTSUバイオサイエンスさんのSDGsアクションは？

高精度なのに低コスト！
線虫を使ったがんのリスク検査

線虫は土の中や海の底にいる、体長1ミリくらいのとても小さな生物。その中には優れた嗅覚（きゅうかく）を持つ種類がいて、嗅覚受容体（きゅうかく）という匂（にお）いのセンサーのようなものが人間の3倍、犬の1.5倍の数あるといわれているよ。その力で、尿（にょう）に含（ふく）まれるがんの匂（にお）いをかぎ分けることができるんだ。線虫は低コストで簡単に培養（ばいよう）できて、生物の力を使って検査するからほかの検査機器と比べて環境（かんきょう）への負荷も少ない。手頃（てごろ）な価格で高精度ながんのリスク検査ができる「N-NOSE」は、国内だけでなく海外からも注目されていて、世界中に提供できるよう準備を進めているところだよ。

テレビCMにも登場するキャラクターの「線虫くん」。

体長1ミリの線虫が
がんの匂（にお）いをかぎ分けるよ。

線虫の動きを研究している様子。

FUTURE｜HIROTSUバイオサイエンスが目指す未来

世界では毎年1000万人近くの人ががんで命を落としています。がん検査が普及（ふきゅう）していない国にも「N-NOSE」を提供して、がんのリスクから世界中の人を守れたらいいな。研究ももっと進めて、がんの種類を判定できるサービスに進化させたいと思っているよ。

取材の感想

がんの検査って病院でしかできないイメージだったけど、こういう検査なら忙（いそが）しい人や病院から遠く離（はな）れた場所に暮らす人でも簡単にできそう！日本で生まれた検査サービスが、世界の人たちの健康を守れたらすごいよね。

FANCL 正直品質。

広告宣伝本部
企業広告グループ
岩本 浩昭さん

日本各地の小・中・高校生の

みんなと一緒に、自分にできる

SDGsアクションを考えているよ！

Q ファンケルさんは何をしている会社なの？

無添加化粧品「マイルドクレンジング オイル」や洗顔料「ディープクリア洗顔パウダー」、サプリメント「カロリミット」など、「美」と「健康」に関する商品を作っています。自社で研究開発から製造・販売まで一貫して行っていて、環境に配慮した商品も開発しているよ。

ロングセラーの「マイルドクレンジング オイル」は容器を改良し続けてプラスチック使用量を40％削減（2004年比）。さらに、詰め替え用も発売。

「ディープクリア洗顔パウダー」はパッケージをプラスチック製から紙製に切り替えたよ。

化粧品やサプリメントを開発するだけじゃなくて、環境にやさしい製品づくりにも一生懸命なんだね！

ズバリ質問！

Q ファンケルさんのSDGsアクションは？

自分にできるアクションを考える 「ファンケル 神奈川SDGs講座」

SDGsについて学び、自分たちにできることを考える「ファンケル 神奈川SDGs講座」を小学校・中学校・高校などで開催しているよ。プラスチック問題や食料問題など身近な課題を学ぶ単発講座のほかに、一年間を通して課題解決策を見つける長期講座もやっているんだ。長期講座では高校生と一緒に"2030年に実現したい明るい未来"を表現したボトルのデザインに挑戦！2022年からは福岡県や北海道などの他県でも講座を行っているよ。さらに2023年からは教員向けの講座も始めて、これまで約1万1000人＊が参加してるんだ。未来を変えるアクションを一緒に考える子どもたちを、もっと増やしていきたいな。

＊2021〜2023年9月の合計人数

長期講座では高校生と一緒に100％植物由来のプラスチック容器のパッケージをデザインしたよ！

単発講座を北海道で初めて開催した苫小牧東高校。

SDGs講座の開催をご希望の学校・先生はこちら
（神奈川県を中心に、他県でもご相談可）

FUTURE ｜ ファンケルが目指す未来

SDGsのことを知っていても、社会や環境のために行動する勇気が出ない人もいるんじゃないかな？小さなアクションでもいいから始めれば、世の中は少しずつ良くなっていくよ。「ファンケル 神奈川SDGs講座」がそのきっかけになれるといいな。

取材の感想

「SDGsについて勉強したい」「自分にもできるアクションを考えたい」子どものために、いろんな学校で講座を開くなんてすごいね！ 私も負けずに、どんなSDGsアクションができるか考えよう！

BRIDGESTONE
Solutions for your journey

WELCOME｜ブリヂストンからの取材招待状

グローバルサステナビリティ
戦略企画部
加藤 恵利子さん

タイヤがタイヤに生まれ変わる？

資源が循環する「未来のタイヤ」を

中高生のみんなと考える合宿を

開催したよ！

Q ブリヂストンさんは何をしている会社なの？

乗用車やバス、飛行機などのタイヤを作っている会社だよ。タイヤは路面と接する唯一の部品で、タイヤ1本の接地面積はハガキ1枚分。その小さな接地面積で「荷重を支える」「走る」「曲がる」「止まる」といった大切な役割を果たしているよ。創業以来、私たちが大切にしている使命「最高の品質で社会に貢献」を実現するために、さまざまなタイヤを社会に提供して安心・安全な人とモノの移動を支え続けることに取り組んでいるんだ。

タイヤの接地面積はハガキ1枚分！

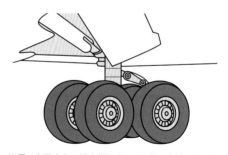

世界でも数少ない航空機のタイヤを作る会社なんだ。

雨の日でも風が吹いていても、乗用車やバスが安全に走れるのはタイヤのおかげなんだね。

Q ブリヂストンさんのSDGsアクションは？

"タイヤの一生"を通じて
サーキュラー・エコノミー*1の実現に取り組む

タイヤを「創って売る」、「使う」、ゴムなどの原材料に「戻す」の全工程で環境負荷を減らす取り組みをしているよ。すり減りにくいタイヤを開発したり、すり減ったタイヤの表面を貼り替えて使い続けられるようにしたり。世界中でまだ誰も実現していないタイヤのリサイクルの技術や仕組みを作ったり。"タイヤの一生"に寄り添う取り組みなんだ。そして、サステナブル*2なタイヤについて中高生のみんなと考える「サマー合宿」を開催したよ。持続可能なタイヤの原材料の配合を考えたり、その配合で作ったゴムやタイヤの性能を試験したり。タイヤのレシピづくりから、そのタイヤを装着したラジコンカーを走らせて性能の確認、振り返りまで、実際のタイヤ開発の流れを体験してもらったよ。

新たな天然ゴム資源「グアユール」を使用したタイヤ。

材料の特徴を書いたカードを使って材料の組み合わせを考え中。

*1*2…くわしくはP28・29

FUTURE ｜ ブリヂストンが目指す未来

乗り物を利用する世界中のお客さまの安心・安全で快適な暮らしも、地球環境の未来も、ブリヂストンにとってはどっちも大切。使い終わったタイヤも資源としてゴムや原材料に「戻す」ことでまた使えるようにしていくよ。いろいろなパートナーと一緒に、タイヤが循環し続ける社会、「タイヤが、タイヤに生まれ変わる未来」の実現に向かって走り続けるね！

取材の感想

ラジコンに自分の作ったタイヤをつけて走らせるの、やってみたいな～！タイヤによって、走り方が違ってくるんだね。タイヤのプロフェッショナルだからこそ、未来のタイヤの姿も考え抜いているんだなって感じたよ。

課題解決に挑む企業にインタビュー

MARUHA NICHIRO
海といのちの未来をつくる

WELCOME | マルハニチロからの取材招待状

経営企画部
サステナビリティ推進グループ
W.Yさん

魚を無駄なく残さず使いきる！

"もったいない"の精神で

いろんな工夫を重ねているよ。

Q マルハニチロさんは何をしている会社なの？

冷凍食品や缶詰などのスーパーマーケットで販売される食品を作ったり、回転ずしのネタになる水産加工品を取り扱っています。原料の水産物は世界中から買い付けるだけではなくて、私たちで養殖したものも使っているよ。

大分県の養殖場で育ったぶりは、環境と社会への影響に配慮した水産物の証「ASC認証」を取得しているよ。

骨まで無駄なく味わえるアイデア缶詰、「ぶり中骨煮付」缶を発売！

冷凍食品も缶詰もごはんのおかずにぴったりなんだよね～。ぼくも魚は大好きだよ！

Q マルハニチロさんのSDGsアクションは？

まだ食べられる食品を無駄にしない みんなで分け合って食品ロスを削減

賞味期限が迫っている食品や、外箱のダンボールが破れた食品のなかには、廃棄されてしまうものもあるんだ。まだ食べられる食品を無駄にしないために、技術改良により冷凍食品の賞味期限を延長したり、フードバンクに寄付しているよ。

マルハニチロ

●輸送時にダンボールなど外装が破れた商品
●輸入時の検査で使用した商品
●販売を終了した商品など
＊常温品・冷凍品が対象

フードバンク

企業などから提供された食品を、日々の食事に困っている家庭や子ども食堂へ無償で提供

寄付先
●日々の食事に困っている家庭
●子ども食堂
●社会福祉施設など

フードバンクに寄付した食品は、食事に困っている家庭や子ども食堂に提供されています。

魚に捨てるところなし！ 養殖魚を育てるためのえさに活用

食品工場の廃棄物となる「食品加工残さ」は栄養たっぷり！ さんまやいわしの缶詰を作るときに出る加工残さを処理すると、フィッシュミールや魚油の原料として活用できるんだ。2022年には約5,000トンも廃棄物を削減できたよ。

魚の中骨や内臓は養殖用のえさ「フィッシュミール」に再利用しているよ。

FUTURE｜マルハニチロが目指す未来

水産資源が減少しているなかで、水産物を使った食品や使われない魚の部位が捨てられているのはもったいない！いろんな取り組みで無駄になる食品や食料を減らせているけど、これからは食べる側のみんなに資源の大切さを伝えながら、社会全体の廃棄量を減らしていきたいな。

取材の感想

冷凍食品や缶詰を作った"そのあと"のことにも目を向けて、食品ロスを減らそうとしているんだね。水産物の話がたくさん聞けて、めちゃくちゃ勉強になったよ。水産物を大切に扱う姿勢、オレも見習うぞ！

課題解決に挑む企業にインタビュー

今日を愛する。
LION

サステナビリティ推進部
宮澤 彩さん

山梨県に私たちが整備している

大切な「森」が実はあるんです。

みんなにも見せてあげたいな！

Q ライオンさんは何をしている会社なの？

衣料用洗剤の「ナノックス ワン」やハンドソープの「キレイキレイ」といった家族みんなが清潔で快適に暮らすための商品を作っています。ハミガキや台所用洗剤、住居用洗剤などの暮らしに役立ついろいろな商品も手がけているよ。

あれもこれも、ドラッグストアやスーパーで見たことある！ でも、洗剤を作っている会社の人たちが、森で一体何をしているんだろう…？

ズバリ質問！

Q ライオンさんのSDGsアクションは？

山梨の森に社員が集合！
森を元気にする活動をしているよ

山梨県にある「ライオン山梨の森」では、ライオンの社員たちが地域の人たちと一緒に森の整備に取り組んでいて、植林や遊歩道づくりなどをしているよ。植物の栄養をたっぷりと含む落ち葉の肥料づくりには、地域の高校生も参加してくれたよ。私たちが作る製品は、使用するときに水を使うけど、森は人間が使う水を育む大事な役割を果たしている。だから森への感謝の気持ちを持って取り組んでいるんだよ。

木や土に触れながら、自然や環境についてたくさんのことを学ばせてもらっているよ！

FUTURE ｜ ライオンが目指す未来

私たちは日用品を作る会社だからこそ、すべての人が日ごろから環境に負担をかけずに済むようにサポートしたいと考えているの。「洗濯のすすぎ回数を減らして節水する」「本体容器に詰め替えをしてごみを減らす」など、エコ活動をみんなが自然にできる社会を実現したいな。

取材の感想

森の整備に参加したライオンの社員さんたちは、森が育む水の大切さを知って、洗濯や食器洗いで使う水をできるだけ少なくしようと心掛けているんだって。私も毎日の生活の中で水を大事に使っていきたいな。

いつでも、ふぅ。
AGF®

サステナビリティ
推進部
田口 朋子さん

「ふぅ」と気持ちが落ち着く一杯を
全国の福祉施設に届けているよ！

Q 味の素AGFさんは何をしている会社なの？

手軽に本格的なコーヒーや紅茶、ココアなどを楽しめるスティックタイプの商品やインスタントコーヒーなどを作っています。「ふぅ」と一息つくのにぴったりな飲み物でココロとカラダの健康づくりを応援しているよ。

ズバリ
質問！

Q 味の素AGFさんのSDGsアクションは？

ココロ安らぐ商品を全国に
届けるフードバンク活動

スティックコーヒーをはじめとした賞味期限が近い商品を全国の福祉施設などに寄贈しています。2022年度に寄贈した商品は206万杯分！パッケージには飲む人の気持ちに寄り添うメッセージが付いていて、たくさんの人のココロとカラダの健康に役立っているんだよ。

福祉施設の皆さんが安らげるさまざまな商品を届けています。

ひと言メッセージ付きのスティックドリンク。

取材の感想

206万杯分ってすごい量だね！賞味期限を過ぎた商品は廃棄されてしまうんだって。おいしく味わえるうちに飲んでもらえれば、たくさんの人に喜んでもらえるし、食べ物を無駄にしないことにもつながるね。

事業本部
上神田 純哉さん

省エネ、節電だけじゃない！環境にやさしい商業施設を最新技術で作っているよ。

Q イチケンさんは何をしている会社なの？

スーパーマーケット、ショッピングセンター、スポーツクラブなどの建物を作っている会社だよ。設計やデザインから工事までを自社チームで取り組んで、まちで愛される建物を環境に配慮した技術で作っているんだ。

商業施設の建築が得意。写真は大阪にある「オアシスタウン伊丹鴻池」。

ズバリ
質問！

Q イチケンさんのSDGsアクションは？

省エネをしながら、発電もする建物！？建物のZEB*化に取り組んでいます！

地球温暖化による異常気象を引き起こすCO2は、日本では人工的に排出される量の約30％が住宅や商業施設などの建物から出されている。私たちは、断熱性の高い材料や省エネ効果のある設備機器を使ってエネルギー使用量を減らし、さらに建物で使う電気を太陽光発電などで補うことで、エネルギー使用量を±ゼロにするチャレンジをしているんだ。こうした建物はZEBと呼ばれているよ。

*ネット・ゼロ・エネルギー・ビルの略

ZEBの
仕組み

省エネ＋創エネで0％以下まで削減

へらす 省エネ

つくる 創エネ

従来の建物で必要なエネルギー　ZEBで使うエネルギー － ZEBで創るエネルギー ＝ エネルギー消費量 0

ZEBの技術を取り入れた、横浜市の商業施設「ビエラ蒔田」。

取材の感想

ひとつの建物の中で使用するエネルギーを減らしたり、エネルギーを創り出すことで発生するCO2を減らし、SDGsに大きな貢献をしているんだね！イチケンの皆さんは、CO2をさらに削減できる方法を研究中なんだって。ぼくも家にいるときは無駄な電気を消して、環境にやさしくしていきたいな。

SWCC株式会社

SWCC GROUP

WELCOME ｜ SWCCからの取材招待状

性別に関係なく技術職で活躍（かつやく）できる！

そんなケーブルメーカーを目指しているよ。

ダイバーシティ推進PJ
今井 リサさん

Q SWCCさんは何をしている会社なの？

発電所で作った電力を町に供給する電線やインターネット回線のケーブル、地震（じしん）から建物を守るための免震（めんしん）装置を作っています。目には見えない製品だけど、みんなの暮らしに欠かせないものなんだ。

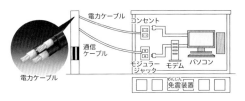

電力ケーブル／コンセント／通信ケーブル／モジュラージャック／モデム／パソコン／電力ケーブル／免震（めんしん）装置

ズバリ質問！

Q SWCCさんのSDGsアクションは？

未来の女性技術者がここから生まれるかも？
ダイバーシティ推進プロジェクト「カラット」

私たちのような理工系分野の職場では、まだまだ女性の数が少ないんだ。もっと女性に働きやすい職場にしたい！そう考えて「リーダーとして活躍（かつやく）したい」「子育てと仕事を両立したい」といった多様な働き方を支援（しえん）するプロジェクト「カラット（SWCCarat）」を始めたよ。うちの会社に限らず、ものづくりの仕事で能力を発揮する女性がもっと増えるといいな。

SWCCarat

工場見学など、女子中高生・女子学生向けの仕事体験イベントも開催（かいさい）！

取材の感想

理工系分野に興味があっても、将来どんな仕事に活かせるのか、どういう知識が必要になるのかわからない人はいると思うな…。そんな人たちにとって、中・高校生向けに職場見学会や女性エンジニアとお話ができるイベントが開催（かいさい）されているのはいいことだね！

WELCOME │ 白寿生科学研究所からの取材招待状

創業100年の会社の定番商品がエコ仕様に

リニューアル！"健康を支えるメーカー"として

できることを一生懸命考えているよ。

アスリート事業
推進グループ
鈴木 大地さん

Q 白寿生科学研究所さんは何をしている会社なの？

「健康を通して人類の幸福を実現する」という企業理念を実現するために活動している会社だよ。頭痛や肩こり、不眠症などをやわらげる電位治療器「ヘルストロン」や、健康食品を作って販売しているんだ。

全国に約450店舗あるハクジュプラザでは「ヘルストロン」を体験できるよ。

ズバリ
質問！

Q 白寿生科学研究所さんのSDGsアクションは？

できることからひとつずつ！
商品の素材や原料の変更を進めています

発売から60年のロングセラー「ヘルストロン」の一部のプラスチック部品を、100％再生樹脂材に変える取り組みを始めたよ。人に寄り添って健康づくりを支援する会社として、資源不足や温暖化などの課題にも向き合っていきたいんだ。健康食品として販売している「笹チョコレート」は、児童労働のない地域で生産されたカカオを選んで使っているよ。

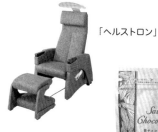

「ヘルストロン」

栄養を豊富に含むクマザサを使った「笹チョコレート」

取材の感想

人のためにいいことをすると、心が豊かになって身体も健康になるんだって。だから商品づくりにかかわる人の健康にも気をつけたり、地球環境の課題にも取り組んでいるんだね。同じ健康になるのでも、その方が気持ちいいなって思ったよ。

pal*system
生協 パルシステム

安全で環境にやさしいお米を食べてほしい！

お米づくりや農業を守るために活動しているよ。

産直事業本部
第1産直部米穀課
佐野 正和さん

Q パルシステムさんは何をしている会社なの？

産直や環境にやさしい商品を、首都圏を中心に1都13県の約171万世帯に届ける生活協同組合（生協）＊だよ。安全安心な商品づくり、生産者と消費者の交流、環境問題、地域支援や平和、災害支援など、サステナブル（持続可能）な社会の実現を目指し活動してるんだ。

＊商品利用を基本に消費者（組合員）自ら、よりよい暮らしや社会をつくるために助け合う非営利の協同組織。

週に一度、みんなのおうちまで商品をお届け！

ズバリ質問！

Q パルシステムさんのSDGsアクションは？

作る人・食べる人が支え合う仕組み
パルシステムの「予約登録米」

「予約登録米」は環境にやさしいおいしいお米が定期的に届く仕組みだよ。毎年春に予約が集まるから、生産者は米作りに専念できるんだ。産地と信頼関係を築いてきた「産直」＊ならではの取り組みで約20万世帯が利用中！約30年の活動が評価されて2023年にはグッドデザイン賞を受賞したよ。

＊産直…生産者から消費者に直接食料を届ける仕組み。パルシステムでは単なる食料調達ではなく、生産者と消費者が支え合う仕組みのひとつとして考えている。

GOOD DESIGN

農薬や化学肥料の使用を減らした環境にやさしいお米。袋にはホタルなどを描いて、地域の生物多様性が育まれていることを伝えています。

環境や健康に配慮したお米を、生産者と消費者（組合員）が「作る」ところから「食べる」ところまで一緒に考えて、日本の米づくりを応援しているんだね！食べ物がどんなふうに作られたものなのか、買う人ももっと知ることが大事だね。

とんかつ まい泉

「パンの耳」を食べた豚は甘くておいしい！？

いろんな食材を無駄なく活用しているよ。

広報グループ
大島 世津子さん

Q まい泉さんは何をしている会社なの？

とんかつのレストランや販売店として百貨店、商業施設、駅などに出店しています。会社は50年近い歴史があって、とんかつやお弁当、かつサンドなどいろんなメニューでこだわりのおいしさを届けているよ。

レストランでは職人が揚げたてのとんかつを提供します。

ズバリ質問！

Q まい泉さんのSDGsアクションは？

オリジナル豚肉に特製カレー、食材に感謝を込めて有効活用！

サンドイッチを作るときに、パンの耳を切り落とすんだけど、捨ててしまうのはもったいない…。そこで、パンの耳をえさに混ぜて豚を育てることにしたんだ。パンの小麦を食べることで、お肉の脂身の甘味が増すんだよ。ほかにも、豚肉や野菜の切り落とした部分で特製カレーを作り、子ども食堂で提供しているよ。

まい泉オリジナルのブランド豚「甘い誘惑」。パンの耳を混ぜた独自のえさで育てているよ。

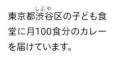

東京都渋谷区の子ども食堂に月100食分のカレーを届けています。

取材の感想

まい泉のかつサンド、私も家族と一緒に食べたことあるよ。パンの耳をえさにして豚を育ててるなんて、話を聞くまで全然知らなかったからびっくり！今度食べるときには、お父さんお母さんにもこの話、教えてあげようっと。

課題解決に挑む企業にインタビュー

SDGsに取り組む企業を応援できる

「投資信託(しんたく)」の輪を広げているよ。

営業企画部(きかく)
金融(きんゆう)リテラシー推進室
青木 雅代さん

Q 三井住友トラスト・アセットマネジメントさんは何をしている会社なの?

投資の手段のひとつ「投資信託(しんたく)」で企業(きぎょう)を応援(おうえん)しているよ。投資は、投資家が企業(きぎょう)にお金を「投資」することで応援(おうえん)する仕組みなんだ。SDGsに取り組む企業に投資をすれば、そのお金が社会に循環(じゅんかん)することで世の中のSDGsへの取り組みが進むんだよ。

投資家 — 投資 → 企業(きぎょう) — 製品・サービス → 私たち・社会
配当 ← 企業 ← 購入・利用料金(こうにゅう)

投資のイメージ。SDGsに取り組む企業(きぎょう)を投資家がお金で応援(おうえん)できるんだ。

ズバリ質問!

Q 三井住友トラスト・アセットマネジメントさんのSDGsアクションは?

未来の投資家を増やしたい!
小・中・高校生のための出前授業

みんなにも将来「推したい!」と思える企業(きぎょう)を見つけて投資で応援(おうえん)してほしくて、学校で出前授業を開いています。投資する人と17のSDGsの目標に取り組む企業(きぎょう)がつながってひとつでも多く課題が解決するよう、これからも投資の大切さを伝えていくよ。

金融(きんゆう)リテラシー活動イメージキャラクター「楽くん」。

昭和女子大学附属昭和小学校の出前授業。

投資って難しいものだと思っていたけど、わかりやすく教えてもらえたら興味が湧(わ)くかも。ぼくも将来応援(おうえん)したい企業(きぎょう)をいまから探してみようかな!

お口の恋人
LOTTE

チョコレートは何からできているか知ってる?

食べる人も作る人も幸せにする活動を紹介するよ。

サステナビリティ推進部
飯田 智晴さん

Q ロッテさんは何をしている会社なの?

チョコレートなどのお菓子やアイスを作っている会社だよ。チョコレートの原料となるカカオ豆の生産地を支える活動もしていて、カカオ豆の生産にかかわる人たちの生活が豊かになるサポートをしながらカカオ豆を仕入れているんだ。

ズバリ
質問!

Q ロッテさんのSDGsアクションは?

生産地の人たちを笑顔にしたい!
貧困や児童労働を解消する取り組み

カカオ豆の生産地には農家の貧困や児童労働などの課題があって、私たちは収入向上につながるカカオの生産量を増やすための技術支援や、児童労働をなくすための現地調査を進めています。みんながチョコレートを食べて笑顔になるように、カカオ豆の生産地の人たちも笑顔で暮らせるサポートをしていくよ。

生産地の人たちと信頼関係を築いて、課題解決に取り組んでいるよ。

取材の感想

カカオ豆をとりまく課題はほかにもあって、例えばカカオ豆農家が農園を拡大する際に森林を破壊しないよう調査し、森林の保護や回復を行うことも考えているんだって。いろんな問題があっても、一つひとつ解決に向けて取り組んでいるんだね。

住みたい街に住みたい家を。

W 和田興産

経営企画部
多々納 伽音さん

暮らしやすさって何だろう？住む人や地域のことを考えて住宅づくりに取り組んでいるよ！

Q 和田興産さんは何をしている会社なの？

マンションや一戸建てなどの住宅を作っています。地域の歴史や景観を活かしたまちづくりにもかかわっていて、新築住宅のほかに古民家のリノベーション*にも取り組んでいるよ。*住宅の間取りや内装を作り変えること

古民家を活用した例。兵庫県にある、観光客や地域の人向けのゲストハウス「ラドーレ神河」。

ズバリ質問！

Q 和田興産さんのSDGsアクションは？

働く女性のアイデアをかたちに！
女性、家族にとって快適な住宅を作る

私たちの作る住宅の中には、子育てと仕事を両立する女性社員を中心に集まって考えたマンションもあるよ。プロジェクトに参加するメンバーが毎日の暮らしの中で感じる要望をかたちにした、料理や洗濯などの家事がしやすい間取りのマンションと一戸建ては、働く女性を中心に大好評！これからも働く女性をはじめとしたさまざまな視点から、家族みんなにとって心地のいい、長く住み続けたいと思える場所を作っていくよ。

お母さんの視点から、チャイルドロックなど子どもの安全に配慮した工夫もちりばめているよ。

取材の感想

子育てしながら仕事をする女性だからこそわかることってたくさんありそう。その発見を住宅づくりに活かして、たくさんの人に喜んでもらえる仕事はすごくやりがいがあると思う！自分らしいアイデアで暮らしや社会をよりよくする仕事を、私もやってみたいな。

自分らしい生き方のヒントが見つかるかも？
聞かせて！企業の担当者さんの学生時代

Q 子どものころ、勉強や部活動、趣味など どんな分野に興味がありましたか？

学園祭でパウンドケーキを作ったことがきっかけでお菓子づくりに夢中だったよ。何度も失敗しながら、ようやくシュークリームの皮を上手に焼けたときはうれしかったなあ。

とんかつ まい泉 大島 世津子さん

小さいころから人体や医学・薬学にすごく興味があって、家族が病院でもらってきた薬がどのようなものなのか調べたり、図鑑や医療のドキュメンタリー番組を夢中で見ていたよ。

第一三共ヘルスケア 古市 亜美さん

本を読むのが大好きで、小学校に入ってからは図書館でいろんなジャンルの本を借りて読んでいたんだ。自分の知らない世界の知識がどんどん増えて、クイズが得意になったよ！

ニチレイフーズ 佐藤 友信さん

水泳が得意な両親の影響で、小さいころは水泳に熱中していたよ。調子がいいときには魚のように泳げるのが楽しくて、もっとスイスイ泳げるようになりたいと思っていたよ。

日本特殊陶業 中川 崇代さん

ものを作るのが好きで、物心ついたときにはひたすら折り紙を折っていたよ。高校の文化祭ではミュージカルの舞台セットやフォトスポットを試行錯誤しながら作って盛り上げたんだ。

博報堂プロダクツ 押本 有里子さん

朝から晩までサッカーのことを考えている子どもだったよ。足が速いのが自慢で、お米をたくさん食べて、練習をたくさんして、プロサッカー選手を目指してがんばっていたんだ。

パルシステム 佐野 正和さん

課題解決に挑む企業にインタビュー

Q 学生時代にもっていた夢を教えてください！

中学生のころに読んだ本がきっかけで農業に興味をもった私は、大学では農学部に進学。食品関連の勉強をしていくうちに食品メーカーで働くことが夢になったよ。

味の素 AGF 田口 朋子さん

理科の授業が大好きで、高校と大学では電池の研究に夢中になったの。電池への興味が深まり知識が増えていくうちに、将来はエネルギー分野の仕事に就きたいと思ったんだ。

SWCC 今井 リサさん

学生のころは学校の先生を目指していたよ。先生にはならなかったけれど、会社に入ってから、子どもたちのための出前授業の先生になれたので、違うかたちで夢が叶ったね！

東芝テック 金沢 直美さん

映画を観てからパイロットを目指したり、陸上に熱中するなかで陸上選手を目指したり、「好き」をきっかけに新しい夢ができていたよ。夢は行動を起こさないと見つからないんだ！

白寿生科学研究所 鈴木 大地さん

大学生のころにインドに旅行したときのこと。デコボコな道路をがたがたと走る車を見たときに、日本の技術力で作った乗り物であらゆる国の暮らしを快適にしたいと思ったの。

ブリヂストン 加藤 恵利子さん

小さいころから「男らしさ・女らしさ」で人を区別することに違和感があって、性別や国籍、考え方の違いなどの個性を受け入れて"みんなが活躍できる"社会づくりに貢献したいと思ったんだ。

MIRARTH ホールディングス 伊藤 理沙さん

中学生のときに大好きだった祖父ががんで亡くなってから、薬を開発する仕事が目標だったけど、大学で勉強するうちに病気を未然に防ぐ「予防」の大切さを社会に広めたいと思ったの。

ライオン 宮澤 彩さん

大学で学内の広報誌づくりに参加したことで、チームみんなで「大学の魅力や楽しさをどのように伝えたらいいか？」を考える楽しさを知り、将来は広報の仕事をするって決めたんだ。

和田興産 多々納 伽音さん

Q いまの仕事や会社を選んだ理由はなんですか？

化粧品会社で働きたかったけど、メイクだけが理想の自分になる方法ではないことに気づいて、ファッション提案を通じて理想の自分づくりのお手伝いをしたいと思ったよ。

AOKI 矢島 明日香さん

学生時代に地球環境の現状を学び、強い危機感を持っていたんだ。だから、植物にも動物にもやさしい水の技術により環境改善にまで取り組んでいる、赤塚植物園グループの一員として仕事をしたいと思ったんだよ。

赤塚植物園グループ 杉浦 裕幸さん

建物でたくさんのエネルギーが使われている社会を変えるにはどうしたらいいか？を考えるなかでZEBを知り、この技術をたくさんの建物に普及させたくてこの仕事を希望したよ。

イチケン 上神田 純哉さん

多くの人のために貢献できる仕事に就きたくて、この会社ならがんのリスクを簡単に検査できる「N-NOSE」を通して世界中の人たちの健康を支えられると思って入社したよ。

HIROTSU バイオサイエンス 鈴木 杉さん

「人に夢を与える仕事がしたい！」という考えをもとに就職活動をして、夢を叶えるための、健やかさと、美しくなりたいという夢を後押しする会社の姿勢に共感。ここで働きたいと思ったんだ。

ファンケル 岩本 浩昭さん

大学生のころにマルハニチロと一緒に海洋生物を研究する機会があったの。社員の人たちから仕事内容や職場の雰囲気を教えてもらううちに、そこで働くイメージが湧いてきたんだ。

マルハニチロ W.Y さん

たくさんの人に喜んでもらえるお菓子の研究開発がしたくて入社したんだ。いまはサステナビリティにかかわる仕事を通じて、社会の課題解決や会社の成長を後押ししているよ。

ロッテ 飯田 智晴さん

本書で紹介した

企業のSDGs 取り組み一覧

AOKI

不要になった衣服を回収する「OKAERI エコ プロジェクト」を実施。不要な服や衣料品工場から出る繊維くずから作られる「再生繊維」を使い新しい服や靴を開発。

公式ホームページはこちら ▶

イチケン

建物に断熱性の高い材料や省エネ効果のある設備機器を使ってエネルギー使用量を減らし、使う電気を太陽光発電などで補う ZEB 化を推進し、CO2の削減に貢献。

公式ホームページはこちら ▶

SWCC

中・高校生向けの職場見学会や女子中学生・女子学生向けの仕事体験イベントなどを開催し、性別や立場に関係なく技術職で活躍できる職場を目指す。

公式ホームページはこちら ▶

ニチレイフーズ

フロンガスの排出をなくし、CO2の排出量も大幅に抑えた新工場を稼働。品質に問題はないが販売できない商品を児童養護施設や子ども食堂に無料で提供。

公式ホームページはこちら ▶

日本特殊陶業

水素と酸素から電気を作り出す「固体酸化物形燃料電池（SOFC）」を開発。半導体工場で使われる製造装置「静電チャック」にセラミックスの技術を活用。

公式ホームページはこちら ▶

赤塚植物園グループ

園芸教室やチューリップの球根の寄贈を通じて植物の魅力を発信。特殊な鉄分などを用いた水の技術「FFCテクノロジー」で健康や環境にやさしい社会を目指す。

公式ホームページはこちら ▶

味の素AGF

メッセージ付きのスティックコーヒーをはじめとした賞味期限が近い商品を全国の福祉施設などに寄贈し、福祉施設の方々に心安らぐひとときを提供。

公式ホームページはこちら ▶

第一三共ヘルスケア

横浜市内に設置したボックスで使用済みの「おくすりシート」を回収し、プラスチック材とアルミニウム材としてリサイクルする「おくすりシート リサイクルプログラム」を推進。

公式ホームページはこちら ▶

東芝テック

レシートをデジタル化してスマホで確認できる「スマートレシート」の開発。コピー用紙に印刷した文字や写真を透明にして再利用できるコピー機「Loops」の開発。

公式ホームページはこちら ▶

「おくすりシート」やレシートなど、私たちの身近なものもSDGsアクションの対象になっているよ！

課題解決に挑む企業にインタビュー

白寿生科学研究所

電位治療器「ヘルストロン」の一部プラスチック部品を100％再生樹脂材に変更。児童労働のない地域で生産されたカカオを使用した「笹チョコレート」を販売。

公式ホームページはこちら

博報堂プロダクツ

人や環境への意識を取り入れてよりよい社会につながる広告づくりを実践。伝え方やものづくりの知識などを活かして企業のSDGsアクションをサポート。

公式ホームページはこちら

ファンケル

小・中・高校生向けに、SDGsの大切さを学び、実践する「ファンケル 神奈川SDGs講座」を開催。現在は神奈川県だけでなく福岡県や北海道などでも実施。

公式ホームページはこちら

ブリヂストン

タイヤを「創って売る」、「使う」、ゴムなどの原材料に「戻す」という全工程で「サーキュラー・エコノミー」を実践。サステナブルなタイヤを中高生と考える「サマー合宿」を開催。

公式ホームページはこちら

三井住友トラスト・アセットマネジメント

投資信託で、SDGsに取り組む企業と応援したい投資家をつなぐ。小・中・高校生を対象とした投資の基本や大切さを教える出前授業を開催。

公式ホームページはこちら

パルシステム

化学合成農薬や化学肥料の使用を抑えた環境にやさしく安全なお米を定期的に届ける仕組みであり、生産者と消費者が支え合う「予約登録米」を実施。

公式ホームページはこちら ▶

HIROTSUバイオサイエンス

手頃な価格で環境への負荷が少ない、線虫を活用したがんのリスクを検査するサービス「N-NOSE」を提供。国内だけでなく世界中に提供することを目指す。

公式ホームページはこちら ▶

とんかつ まい泉

サンドイッチを作る際に出るパンの耳を混ぜたえさで育てたオリジナル豚肉の開発・利用。豚肉や野菜の切り落とした部分で特製カレーを作り子ども食堂に提供。

公式ホームページはこちら ▶

マルハニチロ

技術改良による冷凍食品の賞味期限延長や、品質に問題のない商品をフードバンクに寄付して食品ロスを削減。食品工場の廃棄物となる「食品加工残さ」を養殖用のえさなどに活用。

公式ホームページはこちら ▶

子ども向けの講座や出前授業はどれも楽しそう！ぼくも参加してみたいな。

課題解決に挑む企業にインタビュー

MIRARTHホールディングス

老朽化した建物を建替え、機能性や居住性を向上させて都市の魅力を高めるまちづくりを全国で実践。太陽光・バイオマス・風力など再生可能エネルギーを活用した発電事業を展開。

公式ホームページはこちら ▶

ライオン

山梨県にある「ライオン山梨の森」で、ライオンの社員たちが地域の人たちと一緒に植林や遊歩道づくりを通して水源である森の環境を整備。

公式ホームページはこちら ▶

ロッテ

貧困や児童労働などの課題があるカカオ豆の生産地で、収入向上につながるカカオの生産量を増やすための技術支援や、児童労働をなくすための現地調査を推進。

公式ホームページはこちら ▶

和田興産

子育てと仕事を両立する女性社員を中心としたチームをつくり、料理や洗濯などの家事がしやすく、家族みんなにとって心地のいいマンションと一戸建てを開発。

公式ホームページはこちら ▶

企業の公式ホームページに行くと、この本で紹介したSDGsアクション以外の取り組みも紹介されているかも？

動画でさらに学びを深める！
SDGs未来会議チャンネル

「SDGs未来会議チャンネル」は、子どもから大人まですべての人が楽しみながらSDGsについて学べる動画チャンネルです。書籍「未来の授業」シリーズと連動し、SDGsに関する解説動画や、企業や著名人へのインタビュー動画を公開しています。書籍と組み合わせて多面的な学習にご活用ください。

CONTENTS｜主なコンテンツ

SDGs博士と一緒に17の目標を学べる動画を公開。17の目標それぞれについて、背景にある課題や国内外のデータを紹介。博士とキャラクターの対話を通じ、理解を深めることができます。

企業インタビュー動画では、本書籍未掲載の情報や、SDGsアクションの現場を見ることができます。

タレントや著名人に「SDGsアクション」について聞くインタビュー動画も公開。

新しい動画も随時公開予定です。ぜひチャンネル登録をよろしくお願いします。

(SDGs未来会議チャンネル) https://www.youtube.com/channel/UC2K_hsGc6gx_qW1_wrKOPdw/videos

自作生活って楽しい！井上咲楽さんが取り組むSDGsアクションは？

―井上さんがSDGsを知ったきっかけは何ですか？

テレビ番組などでSDGsという言葉がよく出てくるようになって知りました。SDGs関連のコンテストの審査員の仕事を機に勉強をはじめたのですが、それまで何気なく発信していた実家の暮らしが、実はSDGsの取り組みにもなっていたと気づきました。

―ご実家では、どんな暮らしをしていましたか。

山の上にある一軒家で、味噌や干し野菜など何でも自作して、自給自足みたいな生活をしていました。使い捨てをすることもあまりなくて。使い捨てカイロも使ったことがなかったんですよ。家に薪ストーブがあって、朝起きたら大きい石を持ってきてストーブの中に入れて、家を出る直前に新聞紙に包んでカイロ代わりにしたり…そんな生活でした。生ゴミもコンポストに入れて堆肥にしていました。

―幼少期からのエコな活動が、今のご自身の暮らしの中にも取り込まれているんですね。「#丁寧な暮らし」と、SNSでその取り組みを紹介されたりもしていますよね。

生ゴミも水分を切ってからゴミ箱に入れるなど、本当に身近なところからですけど、取り組んでいます。丁寧な暮らしを意識していますが、時間をかけることが、イコール丁寧な暮らしとは思ってないので、その人の楽しい暮らしをするのが一番だと思います。私自身も、自分でこんなに簡単につくれた！みたいな発見が楽しくてやっています。それも実家の影響が大きいと思います。

―SDGsに取り組みたい読者に一言お願いします。

地球のためにやらなきゃというよりも、自分の興味のある分野から始めてみるといいと思います。そうやって一人ひとりの取り組みが積み重なって、2030年、一番ハッピーな形でSDGsを達成できればと思います。

（本記事は『広報会議』2022年1月号記事のダイジェスト版です）

教えて！井上咲楽さんの最近のSDGsアクション

少しでもゴミを減らすために、衝動買いせず「吟味して買う」よう心がけています。今愛用しているリュックは3回以上店舗に足を運び、「本当に必要か？」と何度も熟考しました。その結果、毎日使用する大切なものになっています。少しでも長く使っていきたいです。

インタビューのメイキングを「SDGs未来チャンネル」で配信中！

（井上咲楽さんが取り組むSDGs） https://www.youtube.com/watch?v=Yas8oYaU9t0&t=4s

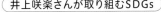

鈴木福さんが考えるSDGs「活動を通じて生まれる"つながり"がSDGsアクションの魅力」

2019年に開催され、2万5000人が参加した「SDGs未来会議」でスペシャルサポーターを務めた鈴木福さん。約20人の子どもたちと社会課題について議論した。

―鈴木さんには2019年に、「SDGs 未来会議」のイベントに参加いただきました。イベント後、SDGsへの認識は変わりましたか?

僕が「SDGs」の存在を知ったのは、実はこのイベントがきっかけなんです。その後、テレビでもSDGsの特番に出させてもらう機会があったり、個人的にもSDGsについて学ぶ活動に参加してきました。

―社会全体でSDGsについて関心が高まっていく中で、鈴木さんが興味のある分野はありますか?

サステナブルブランドに興味があって、日常使うものになるべく取り入れるようにしています。こうしたブランドの活動について、企業の担当者に話を聞く機会もあるんです。そういう企業活動、商品についてもっと勉強したいなと思っています。

―ご自身でもごみ拾いの活動などをしていますね。

「みんなで一緒に活動していくこと」がSDGsでは大事なのかなと思っています。高校の学校の先生が、SDGsに取り組むようになってから、知り合いが増えたと言っていました。つながりが生まれるのがSDGsの魅力なのかなと思います。僕は仕事で色々な人と会う機会が多いからこそ、学校の活動と仕事のつながりや経験を上手く使って、輪を広げていきたいと思っています。

―2030年に向けて鈴木さんが取り組みたいことを教えてください。

行動することはもちろん、知識を増やすことや、活動を知ることも重要だと思っています。2030年にはレベルアップした目標が立てられるように、自分にできることを考えていきたいです。

(本記事は『広報会議』2021年9月号記事のダイジェスト版です)

その後の鈴木福さんの活動を紹介!

現在、テレビ朝日系列「仮面ライダーギーツ」への出演、日本テレビ系列「ZIP!」では木曜パーソナリティーを務めるなど、さらに活躍の場を広げている鈴木さん。その一方で2023年から大学に進学。大学での学びは、新たな将来の夢にもつながっています。

インタビューのメイキングを「SDGs 未来チャンネル」で配信中!

鈴木福さんが考える2030年の未来　https://www.youtube.com/watch?v=1dvwwv9yEiI

仕事選びは"好き"が
出発点でも
いいんだな…

企業（きぎょう）で働く人たちが
"やりたいこと"と
"やるべきこと"の
両立（りょうりつ）に挑（いど）んでいるように

オレも将来
寿司（すし）職人と社会貢献（こうけん）を
両立できるよう
勉強に励（はげ）むよ！

専門学校や
寿司（すし）店での修業など
寿司（すし）職人になるにも
ルートはひとつ
じゃないし

寿司（すし）は日本の伝統文化
おいしく作るほかに
歴史や所作も
学ばないとね！

寿司（すし）職人になるには
勉強することや
選択することが多くて
大変だけど

好きを仕事にできて
社会にも貢献（こうけん）できる未来が
待っていると思うと
ワクワクするな！

翌日

こんにちは！

いらっしゃい！
って商店街の会長さん？

おお、けんたくん
今日はお店の
手伝いか？

感心だね！

将来寿司職人に
なりたいんだって？
お父さんから
聞いたぞ〜

うん！ おいしい寿司を握って
社会の課題も解決する
寿司職人を目指すんだ

かっこいい
でしょ！

山間部に暮らす
高齢者のもとに
出向いて寿司を握る
"出張寿司職人"

自然資源の大切さを
レクチャーしながら
寿司を握る
"自然マイスター寿司職人"

地域の野菜や果物
川魚などを使って
寿司を作る
"地産地消寿司職人"

新しいタイプの
寿司職人を
目指しているのさ！

フムフム…

どれもいいね！

133

んん…
ひらめいたぞ！

けんたくん、
この商店街の人たちと
地産地消をテーマにした
寿司を作ってみたら
どうだ？

へっ？

社会課題の解決になって
商店街の名物にもなるような
寿司をみんなで作るんだよ！

名物

え！！

寿司屋の大将を
紹介してあげるから
すぐ相談しに
行ってみなさい

〇〇寿司

商店街の人たちと
協力してこのまちを
盛り上げて
いってくれよ！

ワッハッ！

オレ、まだ
寿司は握れ
ないのに…

魚屋

あ、八百屋のおじさん

…ってわけなんですよ

フムフム…

なるほどねぇ。地産地消か…商店街みんなで作るならちらし寿司はどうだ？

ちらし寿司？

そう、それなら寿司を握れなくても大丈夫だし、この地域の食材で作れるだろ？

魚のほかにも野菜とかいろんな具材が使えるからな商店街の名物にはぴったりだ！

野菜なら八百屋の俺に任せとけ！！

こうして商店街のみんなで作るオリジナルちらし寿司プロジェクトがスタートした

え〜っと…

惣菜屋の
おばさん！

ああ、
いたいた

地産地消の
ちらし寿司を
作ってるんだって？

そうなんだよね
でもまだ
なにも決まって
なくて…

うちの惣菜屋でも売らせてよ！
ちらし寿司弁当なんてどう？

それは
いいね！

そうだ！

うちの地元で
昔から作られている
竹細工の職人さんに
お弁当箱を作って
もらったらどうだ？

竹細工！

確かに…
地元の竹林に材料は
たくさん
あるからな

けんたくん
いる？

衣料品店の
お姉さん

ガラッ

商店街の染め物屋さんに
このお寿司に合う
風呂敷を作って
もらったら？

ステキだ♥

いろんな人が
集まってくれてる…！
よーし、どんどん
アイデアを
出していこう！

参加した人がさらに人を呼び
アイデアが膨らんでいった…

特製ちらし寿司

そしてついに
「未来きらめき商店街
ちらし寿司」が

完成！

けんたくんやったな！
キミは私が見込んだ通り
この商店街の
ヒーローだ！

エヘヘ・・・

キミが地域の人や
資源をつないだことで
すばらしいちらし寿司が
完成したんだ

この経験は今後の
キミ自身のアイデアにも
活かされるはずだよ

ハイッ！

ガンバレ！

地域の真ん中に立って
地域の人やものを
つなぐ役割も
社会課題を解決
するためには
必要なのか…

よし！オレは
地域のコーディネーターとしても
活躍する寿司職人を目指すぞ！

ゴゴゴゴ・・・

将来 オレが握った寿司で
地域をもっと笑顔にするぞ！

SDGsとライフキャリアをもっと知るための本紹介

気になる本があったら、読んでみて！

本書を読んで、生活の中でSDGsを実践することや、ライフキャリア（生き方・働き方）についてもっと知りたいと思った人のために、おすすめの本を紹介します。

『プラスチックモンスターをやっつけよう！ きみが地球のためにできること』

高田秀重 監修、クリハラタカシ 絵、
クレヨンハウス編集部 編（クレヨンハウス）

おすすめ
小学生
から

暮らしの中でプラスチックを減らす方法を知ろう

「海洋汚染」や「レジ袋の有料化」の話題から、注目を集めるようになったプラスチック。人間の生活を便利にするいっぽうで、捨てられると生き物に絡みついたり、マイクロプラスチックになって海を漂ったり、毒を出したり…。この本では、そんなプラスチックを「プラスチックモンスター」と名づけ、私たちの身近にどんな種類があるのか、減らすために何ができるかを紹介します。「蜜ろうラップのつくり方」など、夏休みの自由研究などでできる取り組み例もありますよ。

『しごとへの道1： パン職人 新幹線運転士 研究者』 『しごとへの道2： 獣医師 オーケストラ団員 地域おこし協力隊』

おすすめ
小学生
から

鈴木のりたけ 著（ブロンズ新社）

3人の大人が「自分のしごとを見つけるまで」のお話

世の中にはいろんな仕事をしている大人がいるけれど、なぜこの仕事をすることになったのかな？と思ったことはありませんか。この本は、パン職人、新幹線運転士、研究者の3人が、どんな子ども時代を過ごして、そこから何に悩んだり、失敗したり、挑戦したりしながら今の仕事に就いたのか、そのストーリーを紹介する本です。一人ひとり違う、仕事へのリアルな道のりを知ることができます。続編として、獣医師、オーケストラ団員、地域おこし協力隊が登場する『しごとへの道2』もあります。

『ゴミ清掃員の日常
～ゴミ分別セレクション～』

おすすめ
中学生
から

滝沢秀一 原作・構成、滝沢友紀 まんが（講談社）

おもしろくて、ためになるゴミの話がいっぱい

82ページで紹介したテレビ番組『ごみ物語』にも出演する、"ごみ清掃芸人"滝沢秀一さんの本。ごみ収集の仕事をする中で発見したことや感じたこと、ごみを捨てるときに知っていてほしいことなどを、まんがで楽しくわかりやすく伝えてくれます。例えば、食べ終えたピザの箱は、資源ごみ？それとも可燃ごみ？スーパーでもらう保冷剤は、何ごみ？「言われてみれば、わからないな」と思った人は、ぜひこの本を見てみてください。ごみをめぐる、おもしろくてためになる話が満載です。

『マイテーマの探し方
―探究学習ってどうやるの？』

（ちくまQブックス）

おすすめ
中学生
から

片岡則夫 著（筑摩書房）

マイテーマを見つけ出す手助けになる一冊

学校で取り組むことになった「調べ物学習」や「自由研究」。何をテーマにするかを決めるのが難しい…。そう思ったら、この本を開いてみましょう。題材探しの方法から、資料の探し方、取材の申し込み方、そして研究論文のストーリーづくりまで学ぶことができます。研究論文なんて難しそう？大丈夫、まずは画用紙一枚にまとめるミニ学習からこの本ではレクチャーしてくれます。中学生の実際の卒業論文のタイトルや、うまくいかないパターンも掲載されていて、参考になりますよ。

『16歳からのライフシフト』

おすすめ
高校生
から

リンダ・グラットン、アンドリュー・スコット 著、
宮田純也・未来の先生フォーラム 監修（東洋経済新報社）

親と私たちの時代の人生設計はどう違うの？

「人生100年時代」を提唱して話題になった本『ライフ・シフト』に、高校生版が登場。「人生100年時代に何が変わるの？」「どのような働き方の選択肢がある？」「何歳まで働くの？」「進路、働き方、生活はどう考える？」―この本には、1998年生まれの翔太と葵、親世代の浩子、祖父母世代の武夫の4人が登場します。今の高校生世代の人生設計が、親世代や祖父母世代とどう変わるのかがよくわかる内容になっています。これからの生き方と学び方のヒントに。

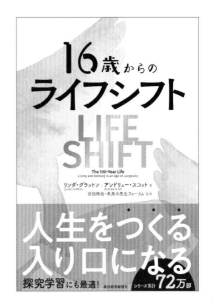

本書は、『SDGs×ライフキャリア 探究BOOK』と題して、SDGsへの関心と本質的な理解を促す「導入教材」として位置づけるだけでなく、SDGsへの関心・理解から、自身のあり方、「私の行動」と「私たちの協働」へとつなげる「態度・行動・協働型教材」として、さらには、SDGsと日本の社会課題といったグローカルな課題を取り扱う「グローカル教材」としても位置づけています。また、国連・持続可能な開発のための教育の10年（DESD：2005-2014）を通して蓄積された知見に基づき、ESDレンズ（P144）と、持続可能性キー・コンピテンシー（P145）などを活かすことによる「探究活動を促す教材」としても位置づけています。

以下に、本書の特徴と、探究活動を支えるアプローチについて整理をしました。

I. SDGsへの関心と本質的な理解を促す「導入教材」

2015年9月に国連により発表された「持続可能な開発目標」（SDGs：2016-2030）は、17の目標と169のターゲットからなる国際的な開発目標です。限られた地球惑星の環境下で、持続可能な発展を遂げるために、「誰一人取り残さない」というスローガンのもとで発表された国際的な開発目標です。現在では、企業、自治体、NPO／NGO、教育機関などのさまざまな組織、地域社会、個人が、この開発目標にコミットすべく取り組んでいます。

SDGsに対する関心を高めることはもちろん重要ですが、それよりも重要なのは、SDGsの本質を理解することです。筆者は、SDGsの世界観には、（1）"地球の限界"（planetary boundaries）に配慮をしなければならないという「地球惑星的世界観」、（2）"誰一人取り残さない"（no one left behind）という人権と参加原理に基づく「社会包容的な世界観」、（3）"変容"（transformation）という異なる未来社会を求める「変容の世界観」があると指摘しています。さらに、SDGsの特徴については、（1）"複雑な問題"への対応（テーマの統合性・同時解決性）、（2）"共有された責任"としての対応（万国・万人に適用される普遍性・衡平性）を挙げています。このような、世界観と特徴といったSDGsの本質に対応をしながら、社会の変動性が高い状況下（VUCA社会）のなかで、「持続可能な社会」の担い手を育むことが急がれていると言えるでしょう。本書では、このような、SDGsの本質（世界観や特徴）に軸足を置きながら、17の目標の紹介だけに終わらない導入教材を制作しました。

世界の開発目標−持続可能な開発目標（SDGs）

2. 自身のあり方、「私の行動」と「私たちの協働」へとつなげる
「態度・行動・協働型教材」

本書は、これまでの啓発書に見られる関心・理解を深める教材を超えた、自身のあり方、「私の行動」と「私たちの協働」へとつなげる「態度・行動・協働型教材」です。"ライフキャリア"という用語を使用することで、従来の受験・進学の文脈を超えた、自身のあり方を問う教材として位置づけています。SDGs第17目標（パートナーシップで目標を達成しよう）でも指摘されているように、多様な主体の力を持ち寄る協働（マルチステークホルダー・パートナーシップ）を通して、「私たち」の取り組みを深め、社会全体の問題対応力を高めること（社会生態系の構築）を意識して教材がデザインされています。

3. SDGsと日本の社会課題といったグローカルな課題を取り扱う
「グローカル教材」

本書には、SDGsと地域課題といったグローカルな課題を取り扱う「グローカル教材」としての位置づけがあります。特定非営利法人ETIC.（筆者、元理事）は、全国のパートナー組織と実施している227の取り組みから、数回のワークショップの開催を通して、日本社会において直面している・直面しうるさまざまな課題を、1年を通して抽出し、整理しました。これが、「社会課題解決中マップ」です（筆者監修）。この日本の地域社会における具体的な実践から抽出された社会課題を取り扱うことにより、国際的な開発目標であるSDGsと、日本の社会課題を取り扱った「社会課題解決中マップ」を関連づけ、「SDGsの自分ごと化」を促し、グローカルな文脈での学びを深める教材（グローカル教材）として機能しています。

ETIC.が抽出した日本の社会課題（社会課題解決中マップ https://2020.etic.or.jp/）

4. 子どもの探究活動を支えるアプローチ
－ESD レンズと、持続可能性キー・コンピテンシーに基づく
本書のデザイン

UNESCO（国際連合教育科学文化機関）は2012年、持続可能な社会の構築に向けた実践におけるものの捉え方として、4つの「ESDレンズ」を提示しました。本書ではこの「ESDレンズ」を活用することで、探究活動に異なる視点を提供するとともに、新たな視座を得ることにつながると言えます。

ESD レンズ（UNESCO,2012）

統合的レンズ

課題・資源・時間・空間・人といったものをつなげ、関連づける見方・捉え方です。

批判的レンズ

課題の再設定や捉え直し、意味づけ・学びほぐしを行う見方・捉え方です。

変容的レンズ

個人・組織・社会の変容に向けた見方・捉え方です。

文脈的レンズ

身近な文脈（歴史や地域）、地域・世界の文脈を活かした見方・捉え方です。

統合的レンズ（つながり・かかわり）
Integrative Lens: 課題・資源・時間・空間・人をつなげる、関連づけ

変容的レンズ
（変わる・変える）
Transformative Lens:
個人・組織・社会の変容

ESD

文脈的レンズ
（ひろがり・ふかまり）
Contextual Lens:
身近な文脈（歴史や地域）、
地域・世界の文脈

批判的レンズ（見直し・捉え直し）
Critical Lens: 課題再設定・捉え直し、意味づけ・学びほぐし

刷新
Innovation

さらに2017年にUNESCOは、「持続可能な開発目標のための教育－学習目的」(Education for Sustainable Development Goals, Learning Objectives)を発表し、8つの「持続可能性キー・コンピテンシー」を発表しました。持続可能性キー・コンピテンシーとは、持続可能な社会の構築に向けて獲得すべき資質・能力です。本書は、持続可能性キー・コンピテンシーを高める意図でデザインされ、子どもたちが持続可能な社会の構築に資するさまざまな資質・能力を獲得することの一助になります。近年では、これらのキー・コンピテンシーを獲得・発揮するには、社会・情動的知性(SEI)(マインドフルネス、共感、寄り添い、批判的探究)が重要であると指摘されています。

持続可能性キー・コンピテンシー (UNESCO, 2017)

システム思考コンピテンシー (systems thinking competency)	関係性を認識し理解する能力；複雑系を分析する能力；異なる領域と規模のなかにおいてどのようにシステムが組み込まれているかを考える能力；不確実性を取り扱う能力
予測コンピテンシー (anticipatory competency)	複数の未来の姿(可能性ある、予想できる、望ましい)を理解し、評価する能力；未来のために自身のヴィジョンを創造する能力；予防原則を応用できる能力；さまざまな行動の結果を評価する能力；リスクと変化を取り扱う能力
規範コンピテンシー (normative competency)	自身のさまざまな行動に内在する規範と価値を理解し、省みる能力；利害関係、二律背反、不確実な知識、矛盾といった対立の文脈のなかで、持続可能性に関する価値・原則・目標・達成目標を協議する能力
戦略コンピテンシー (strategic competency)	ローカルレベルから遠く離れたところまでさらに持続可能になるように、さまざまな革新的な行動を集合的に発展し実施する能力
協働コンピテンシー (collaboration competency)	他者から学ぶことができる能力；他者のニーズ、展望、行動を理解し尊重できる能力(共感)；他者を理解し、他者にかかわり、他者に配慮しようとする能力(共感的リーダーシップ)；グループにおける対立を取り扱うことができる能力；協働的、参加的な問題解決を促すことができる能力
批判的思考コンピテンシー (critical thinking competency)	規範、実践、意見を問う能力；自分自身の価値、認知、行動を省みる能力；持続可能性の言説において立場をはっきりさせることができる能力
自己認識コンピテンシー (self-awareness competency)	地域社会とグローバルな社会において自分自身の役割を省みる能力；自身の行動を継続的に評価しさらに動機づけできる能力；自身の感情や願望を取り扱う能力
統合的問題解決コンピテンシー (integrated problem-solving competency)	異なる問題解決の枠組みを、複雑な持続可能性に関する問題群に応用する包括的な能力；持続可能な開発を推進するために実行可能で、包摂的で、公平な解決オプションを開発する包括的な能力；上述したさまざまなコンピテンスを統合する能力

5. SDGsを活かした学習と探究活動の高い親和性

筆者は、朝日新聞の未来メディア（https://miraimedia.asahi.com/satomasahisa01/）において、動的で包括的な問題解決に向けた、スパイラルとしてのSDGsへと、SDGsの捉え方の転換の重要性を指摘しています。ここでは、(1)これまでのSDGsの個々の目標に対応する発想（個別目標としてのSDGs）から、(2)SDGs同士の関係性と複雑性に気づき（円環としてのSDGs）、さらには、(3)動的で包括的な問題解決に向けた"力を持ち寄る協働"（統合的問題解決に向けたスパイラルとしてのSDGs）への発想の転換が求められていることを指摘しています。

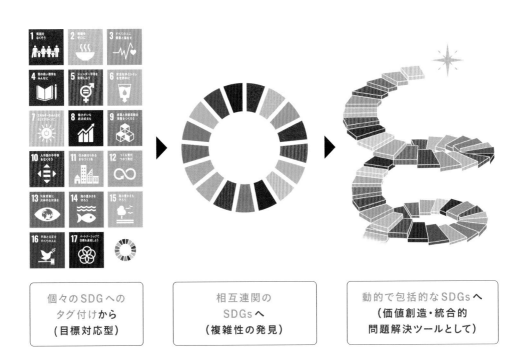

動的で包括的な問題解決に向けた、スパイラルとしてのSDGsへ

個々のSDGへの
タグ付けから
（目標対応型）

相互連関の
SDGsへ
（複雑性の発見）

動的で包括的なSDGsへ
（価値創造・統合的
問題解決ツールとして）

出典：朝日新聞 未来メディア（https://miraimedia.asahi.com/satomasahisa01/）

ここで重要なのは、SDGsを活かした学習と探究活動には高い親和性が見られることです。多様なものを関連づけながら、問題・課題の捉え直しをし、動的で包括的な問題解決をしていくには、問いの設定と問いの共有（社会化）、視点を得て、視座を高めることを通した学習と協働のスパイラル構造なしにはあり得ないということです。

探究活動に求められるスパイラル構造

視点を得る
視座を高める

視点を得る
視座を高める

▶試行錯誤

▶協働プロセス
社会的学習プロセスへ

▶探究プロセス

▶問いの設定と共有（社会化）

課題の設定

まとめ・表現

情報の収集

▶自分の内省からの答え

整理・分析

▶思考ツール／学習スタイル
（学習指導要領解説 総合的な学習の時間編）

日常生活や社会に目を
向け、児童生徒が自ら
課題を設定する。

探究の過程を経由する。
❶課題の設定　❷情報の収集
❸整理・分析　❹まとめ・表現

自らの考えや課題が新たに
更新され、探究の過程が
繰り返される。

文科省、2018に基づき筆者加筆修正

ゴール（持続可能な社会）を明確化し、プロセスの具体化（探究サイクルをどう回し、どう深め、どう視座・視点を得ていくのか）を体験することが、よりよく課題を発見し、解決していくための資質・能力の育成につながります。その過程で自己のあり方・生き方を考える機会も生まれます。

6.子どもの探究活動を支えるアプローチ
ー異なる学習スタイルに基づくキャラクター設定

探究活動を支えるアプローチにおいては、先述の「子どもの探究活動を支えるアプローチーESD レンズ(P144)」もそのひとつです。加えて、本書では「SDGsチャレンジストーリー」と題して、4人の 生徒の挑戦が漫画で紹介されています。各キャラクターには、異なる学習スタイルを設定し、4人 が力を持ち寄り協働する姿が描かれています。実際の学習活動においても、異なる学習スタイルを 活かした探究活動が求められることと思われます。異なる学習スタイルを活かした探究活動は、まだ、 十分に日本の学校現場で実践されていませんが、経験学習分野における学術研究(Kolb, 1984; 2001)などを通して、その重要性が指摘されています。

以下に、本書におけるキャラクターの背景にある異なる学習スタイルを提示しました。

本書におけるキャラクター設定(異なる学習スタイルに基づく)

**男の子A:
けんた**
適応型:具体的経験と能動的実験により学ぶ傾向にあり、 計画を実行したり、新しいことに着手することが好きである。 環境に対する適応力が強く、直感的な試行錯誤によって 問題解決をする場合が多い。気楽に人と付き合うが、忍 耐に欠け、でしゃばりと思われがちである。
**直感・
行動派**

**男の子B:
アレックス**
同化型:抽象的概念と熟考的観察を好み、帰納的に考 え、理論的モデルを構築する傾向にある。人より抽象的 概念や理論に興味があり、実践的よりも理論的な考えを 重視する。
 理論派

**女の子A:
ゆみ**
収束型:主に抽象的概念、および能動的実験により学ぶ 傾向にある。問題解決、意思決定、アイデアの実践に優 れ、感情表現は少なく、対人的問題よりも技術的問題に 取り組むことを好む。
 **アイデア
実践派**

**女の子B:
みのり**
発散型:具体的経験と熟考的観察から学ぶ傾向にあり、 想像力旺盛で、価値や意義について考えることが多い。 状況をさまざまな角度から見て、行動よりも観察により適 応する。人とのかかわりを好み、感情を重視する。
 **価値・意義
重視派**

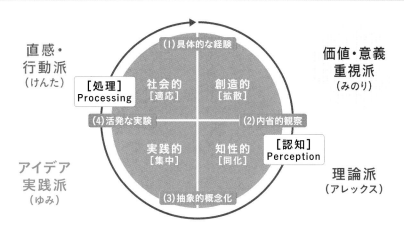

経験学習理論から抽出された "4つの学習スタイル"

直感・行動派
（けんた）

価値・意義
重視派
（みのり）

[処理]
Processing

（1）具体的な経験

社会的
[適応]

創造的
[拡散]

（4）活発な実験 ——— （2）内省的観察

実践的
[集中]

知性的
[同化]

[認知]
Perception

（3）抽象的概念化

アイデア
実践派
（ゆみ）

理論派
（アレックス）

Kolb, 1984；2001に基づき筆者加筆修正

7. 多様な課題認識・キャリア観の提示

本書内では、NPO/NGOや社会起業家らの活動紹介を通じた多様な課題認識やキャリアの提示（3章）、また多数のインタビュー取材を通した企業のSDGs関連活動の紹介、その意味づけ（4章）などを通じて、ライフキャリアの考え方への理解を深めることも意図しています。

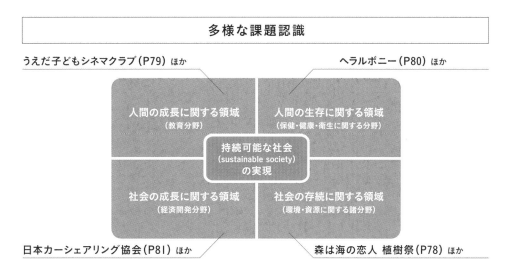

多様な課題認識

うえだ子どもシネマクラブ（P79）ほか

ヘラルボニー（P80）ほか

人間の成長に関する領域
（教育分野）

人間の生存に関する領域
（保健・健康・衛生に関する分野）

持続可能な社会
（sustainable society）
の実現

社会の成長に関する領域
（経済開発分野）

社会の存続に関する領域
（環境・資源に関する諸分野）

日本カーシェアリング協会（P81）ほか

森は海の恋人 植樹祭（P78）ほか

持続可能な社会に求められる "人と社会の成長・存続"（北村、2016）に基づき筆者加筆修正

本書内で提示する「ライフキャリア」とは、仕事だけでなく、家庭や学校、地域社会における役割がいくつも重なった層と位置づけています。子どもを例にすると、自身を「子ども」として認識していますが、学校では「学生」、家庭では「家族」、地域社会では「市民」など、状況の数だけさまざまな役割をもっています。その役割はライフステージに応じて変化し、多層的なライフキャリアが形成されていく点が特徴です。ライフステージにはさまざまな局面が存在し、社会ではそれに応じた参加・貢献のあり方があります。

ライフキャリアレインボー

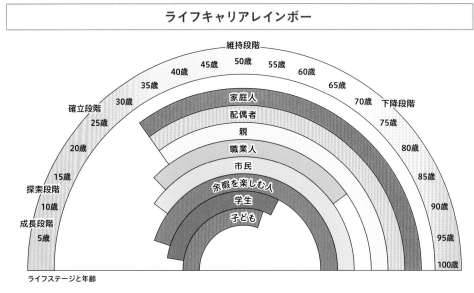

ドナルド・スーパーらの"Life Roles, Values, and Careers: International Findings of the Work Importance Study"に基づき筆者加筆修正

ライフキャリアは自分自身の個性や考え方、将来就きたい仕事、結婚や出産などのライフイベントの集合体であり、現時点で明確に思い描ける人もいれば、ごく一部分しか想像できない人もいます。進捗状況に優劣はなく、いま大事なことは「自分はどうありたいか(Be)」を明確にすることであり、「子ども」「大人」という位置づけから飛び出して自己を認識し、ありたい自分を考えることからライフキャリア形成は始まります。

8. 最後に

本書は、既版本との連動を通して活用可能なものにする「パッケージ教材」としても位置づけています。本書が、正解のない問いとともに生きる時代において、SDGsの関心・理解を深め、社会課題を自分ごと化し、態度・行動・協働を促し、探究活動を深めることに役立つことを願ってやみません。待ったなしの時代、学習と協働を連動させ、自身のあり方を模索する探究活動の充実が、持続可能な未来の構築に資すると確信しています。

ライフキャリア関連書籍・資料

- 高校生のキャリア形成支援教材「高校生のライフプランニング」 （文部科学省）
- 『「個別最適な学び」と「協働的な学び」の一体的な充実を目指して』 奈須正裕・伏木久始 編著（北大路書房）
- 『協働する探究のデザイン：社会をよくする学びをつくる』 藤原さと 著（平凡社）
- 『子どもの誇りに灯をともす』 ロン・バーガー 著・塚越悦子 翻訳・藤原さと 解説（英治出版）
- 『学力テストで測れない非認知能力が子どもを伸ばす』 中山芳一 著（東京書籍）
- 『冒険の書 AI時代のアンラーニング』 孫 泰蔵 著（日経BP）
- 『働き方の哲学 360度の視点で仕事を考える』 村山 昇 著（ディスカヴァー・トゥエンティワン）

SDGs概要書・多様な教育実践事例・アイデア集

- 『SDGs 国連 世界の未来を変えるための17の目標－2030年までのゴール』 日能研教務部 編（みくに出版）
- 『私たちがつくる持続可能な世界－SDGsをナビにして』 （日本ユニセフ協会）
- 『未来を変える目標－SDGsアイデアブック』 Think the Earth 編（紀伊國屋書店）
- 『基本解説－そうだったのか。SDGs2020』 （SDGs市民社会ネットワーク）
- 『国際理解教育実践資料集』、『学校に行きたい！』、『ぼくら地球調査隊』、『つながる世界と日本』、『共につくる 私たちの未来』 （JICA）
- 『先生・ファシリテーターのための 持続可能な開発目標－SDGs・アクティビティ集』、『私たちが目指す世界－子どものための「持続可能な開発目標」』 （セーブ・ザ・チルドレン・ジャパン）
- 『パートナーシップでつくる私たちの世界／国連の新しい目標－2030年に向けて（概要編）』、『パートナーシップでつくる私たちの世界－未来に向かってみんなで力を合わせて（事例編）』 （環境パートナーシップ会議）
- 『SDGs北海道の地域目標をつくろう2－SDGs×先住民族』 （さっぽろ自由学校「遊」）
- 『持続可能な地域のつくり方 未来を育む「人と経済の生態系」のデザイン』 筧裕介 著（英治出版）
- 『お笑い芸人と学ぶ13歳からのSDGs』 たかまつなな 著（くもん出版）

SDGs専門書

- 『持続可能な開発目標とは何か－2030年へ向けた変革のアジェンダ』 蟹江憲史 編著（ミネルヴァ書房）
- 『SDGsの基礎』 事業構想大学院大学出版部 編（宣伝会議）
- 『SDGsの実践－自治体・地域活性化編』 事業構想大学院大学出版部 編（宣伝会議）
- 『SDGs時代の教育－すべての人に質の高い学びの機会を』 北村友人 ほか編著（学文社）
- 『SDGsとまちづくり－持続可能な地域と学びづくり』 田中治彦 ほか編著（学文社）
- 『SDGsと開発教育－持続可能な開発目標のための学び』 田中治彦 ほか編著（学文社）
- 『SDGsと環境教育－地球資源制約の視座と持続可能な開発目標のための学び』 佐藤真久 ほか編著（学文社）
- 『SDGs時代のパートナーシップ－成熟したシェア社会における力を持ち寄る協働へ』 佐藤真久・関正雄・川北秀人 編著（学文社）

- 首相官邸－持続可能な開発目標（SDGs）推進本部　http://www.kantei.go.jp/jp/singi/sdgs

- 外務省－JAPAN SDGs Action Platform　https://www.mofa.go.jp/mofaj/gaiko/oda/sdgs/index.html

- 国連（UN）－SDGs公式サイト（英語）　https://www.un.org/sustainabledevelopment

- 国連（UN）－持続可能な開発・ナレッジプラットフォーム（英語）　https://sustainabledevelopment.un.org/sdgs

- 国連広報センター（UNIC）　https://www.unic.or.jp

- 国連大学（UNU）－国連大学と知るSDGs　https://jp.unu.edu/explore

- 国連教育科学文化機関（UNESCO）－SDGs関連資料（教育者のための資料）（英語）

  https://en.unesco.org/themes/education/sdgs/material

- ユニセフ（UNICEF）－持続可能な世界への第一歩 SDGs CLUB　https://www.unicef.or.jp/kodomo/sdgs

- 国際協力機構（JICA）－SDGs（持続可能な開発目標）とJICA

  https://www.jica.go.jp/aboutoda/sdgs/index.html

- 国際協力機構（JICA）地球ひろば－SDGs教材アーカイブ

  https://www.jica.go.jp/Resource/hiroba/teacher/material/index.html#a02

- ESD活動支援センター（文部科学省・環境省）　https://esdcenter.jp/

- 地球環境戦略研究機関（IGES）　https://www.iges.or.jp/jp

- ユネスコ未来共創プラットフォーム　https://unesco-sdgs.mext.go.jp/

- ユネスコ・アジア文化センター（ACCU）－ユネスコスクール　http://www.unesco-school.mext.go.jp

- 地球環境パートナーシッププラザ（GEOC）　http://www.geoc.jp/

- SDGs市民社会ネットワーク　https://www.sdgs-japan.net/

- 地方創生SDGs官民連携プラットフォーム　http://future-city.jp/

- グローバル・コンパクト・ネットワーク・ジャパン（GCNJ）　http://www.ungcjn.org

- 日本環境教育フォーラム（JEEF）　http://www.jeef.or.jp/

- 消費者教育支援センター（NICE）　https://www.consumer-education.jp/

- 開発教育協会（DEAR）　http://www.dear.or.jp/book/

- 全国地球温暖化防止活動推進センター（JCCCA）　https://www.jccca.org/

- 教育協力NGOネットワーク（JNNE）－SDG4教育　http://www.jnne.org/sdg2023/

- 日本ユネスコ協会連盟－世界寺子屋運動／世界遺産活動・未来遺産運動　https://www.unesco.or.jp/

- Save the Children－SDGsページ　https://www.savechildren.or.jp/lp/sdgs

- EduTown SDGs　https://sdgs.edutown.jp

- Think the Earth　http://www.thinktheearth.net/jp

- ETIC.－社会課題解決中MAP　https://2020.etic.or.jp

- SDGs高校生自分ごと化プロジェクト　https://www.gyakubiki.net/sdgs

- グローバル教育推進プロジェクト（GiFT）　https://j-gift.org/

- 責任ある生活（PERL）（英語）　https://www.perlprojects.org/resources-and-publications.html

本書のチャレンジストーリーや事例選定をするうえで参考とした書籍をご紹介します。

『SDGs人材からソーシャル・プロジェクトの担い手へ』(みくに出版)

著：佐藤真久、広石拓司

持続可能な経済社会の担い手に求められる
考え方・動き方・働き方

21世紀を生きる者には、「プラネタリー・バウンダリー（地球の限界）」の中で、貧困をなくし、誰も取り残さずに経済・社会の持続性を保つことが求められます。また、パンデミックや気候変動など様々な問題が自分の暮らしや仕事に影響を与える中で、状況に対応しながら乗り越えていくレジリエンスも求められるでしょう。その時代を生きるには、科目別の与えられた問題を解く力だけではなく、異なる分野を結びつけて考える力、正解のない不確かな状況で自分を保つ力、起きうる問題に備えるリスク対応力、違う考えの人と対話し、協働する力などが求められます。

書籍『SDGs人材からソーシャル・プロジェクトの担い手へ』では、SDGsの背景を踏まえて、2020年代を生きる人に求められる考え方・動き方・働き方を紹介しています。持続可能な経済社会の担い手にとって何を学び、どう生きるのか、考えるヒントとしていただけるでしょう。

（文・エンパブリック　広石拓司）

ウェブ
サイトは
こちら
 ▶

『探究×SDGs 地域の課題解決のコツ』(朝日新聞社)

監修：田村学、佐藤真久

探究のプロセスや解が一つではない
より複雑な課題に挑戦する姿勢、表現力を学ぶ

持続可能な社会の担い手に必要なスキルや能力を培う教育に寄与しようと、「総合的な探究の時間」でも活用できる教材として発刊された一冊。SDGsの視点から地域の課題を理解し、課題解決に向けて自らアクションを起こせるように、教育理論を踏まえて探究活動の過程を体系化。新聞記事を題材に、「魅力発見／"地域の魅力"の発見」「課題発見／"地域の課題"の発見」「解決策発表／"地域の課題"の解決策を発表する」「解決策実行／"地域の課題"の解決策を実行する」という4つのSTEPに沿って、自身の地域にも応用できる工夫をこらして紹介している。学びを通じて、探究のプロセスや解が一つではないより複雑な課題に挑戦する姿勢、そして表現力などのスキルを学習することができる。

ウェブ
サイトは
こちら
▶

佐藤 真久 (さとう・まさひさ)

東京都市大学大学院 環境情報学研究科 教授

英国国立サルフォード大学にてPh.D取得(2002年)。地球環境戦略研究機関(IGES)の第一・二期戦略研究プロジェクト研究員、ユネスコ・アジア文化センター(ACCU)の国際教育協力シニア・プログラム・スペシャリストを経て、現職。SDGsを活用した地域の環境課題と社会課題を同時解決するための民間活動支援事業委員長、国際連合大学サステイナビリティ高等研究所客員教授、北京師範大学客員教授、UNESCO ESD-GAPプログラム(PNI:政策)共同議長、ユネスコ未来共創プラットフォーム事業運営協議会座長、JICA技術専門委員(環境教育)、特定非営利活動法人ETIC.理事などを歴任。現在、責任ある生活についての教育と協働(PERL)国際理事会理事、UNESCO-ESD for 2030 フォーカルポイント、IGESシニア・フェローなどを務める。協働ガバナンス、社会的学習、中間支援機能などの地域マネジメント、組織論、学習・教育論の連関に関する研究を進めている。

NPO法人ETIC. (エティック)

社会の未来をつくる人を育む認定NPO法人。1993年の創業以来、政府や大学、大手企業、先輩経営者など、さまざまなプレイヤーと手を組みながら、大学生や20代の若者たちが「社会の課題や未来」について考え、実践する機会づくりを行っている。大学生を対象としたイノベーションスクール「MAKERS UNIVERSITY」、社会課題解決を目指す起業家支援プログラム「社会起業塾」などを通して、これまで1,900人以上の起業家を輩出してきた。

本書は「SDGs未来会議」プロジェクトの一環として制作されています

私たちは、「SDGs未来会議」プロジェクトを応援します。

AOKI'　赤塚植物園グループ　いつでも、ふぅ。AGF

イチケン　SWCC SWCC株式会社　第一三共ヘルスケア

東芝テック株式会社　ニチレイフーズ　Niterra 日本特殊陶業

HAKUJU　・PRODUCT'S・　pal*system 生協 パルシステム

HIROTSU BIO SCIENCE　FANCL 正直品質。　BRIDGESTONE Solutions for your journey　とんかつ まい泉

MARUHA NICHIRO 海といのちの未来をつくる　三井住友トラスト・アセットマネジメント

MIRARTH HOLDINGS　今日を愛する。LION　お口の恋人 LOTTE　住みたい街に住みたい家を。和田興産

SDGs未来会議とは

「持続可能な開発目標（SDGs）」の達成という大きなゴールに向け、SDGsの意義や狙いを幅広い人たちに理解してもらい、一人ひとりの行動につなげていくことを目的に実施するプロジェクトです。これまで「SDGs子供サミット」などのイベント開催、『未来の授業』書籍シリーズの発行、公式YouTubeチャンネルの解説・運営などを実施しています。

主催：SDGs未来会議実行委員会（株式会社宣伝会議・学校法人 先端教育機構）

協賛／授業・研修でのご利用／書籍の一括購入／出張授業開催などに関するお問い合わせはこちらから ▶ | SDGs未来会議 | 検索

https://www.sdgs-miraikaigi.com/

SDGs MIRAI KAIGI
未来をつくるソーシャルプロジェクト for SDGs

宣伝会議の出版物　本書と併せて、ぜひ御覧ください。

好奇心とクリエイティビティを引き出す
伝説の授業採集

カテゴリーと時空を超えて世界中から集めた、面白くて、為になり、一生忘れない「伝説の授業」20選。自分の中の凝り固まった「思考バイアス」をほぐして、新しい発想・思考を手に入れることができる1冊。

倉成英俊著
定価：2,090 円（税込）
ISBN：978-488335-550-1

わたしの言葉から世界はよくなる
コピーライター式 ホメ出しの技術

「ダメ出し」ではなく「ホメ出し」思考で、人間関係を豊かにする。3つのステップで、コピーライターの思考法を実践的に学ぶことで、大切な人の魅力を自分の言葉で表現できるようになる1冊です。

澤田智洋著
定価：1,980 円（税込）
ISBN：978-4-88335-552-5

SDGsの基礎:
なぜ、「新事業の開発」や
「企業価値の向上」につながるのか?

SDGsの基本的な内容や成り立ち、政府の取り組みはもちろん、企業の取り組みも多数紹介。経営者・経営企画・CSR担当者から、新社会人、学生まで、SDGsに取り組むすべての方に向けた書籍。

事業構想大学院大学 出版部編、沖大幹・小野田真二・黒田かをり・笹谷秀光・佐藤真久・吉田哲郎著
定価：1,980 円（税込）
ISBN：978-488335-441-2

SDGsの実践
～自治体・地域活性化編

自治体職員や地域活性化に取り組む地域企業の方を念頭に、考え方や取り組み事例等を紹介。地方自治体としてSDGsを理解・活用したい、地域課題を解決する人材を育成したいという方におすすめです。

事業構想大学院大学 出版部編、村上周三・遠藤健太郎・藤野純一・佐藤真久・馬奈木俊介著
定価：1,980 円（税込）
ISBN：978-488335-464-1

希望をつくる仕事 ソーシャルデザイン

ソーシャルデザインとは、自分の「気づき」や「疑問」を、社会をよくすることに結びつけそのためのアイデアや仕事をデザインすること。そのアイデアを35の事例で紹介するソーシャルデザインの入門書。

ソーシャルデザイン会議実行委員会編著
定価：1,650 円（税込）
ISBN：978-488335-274-6

地域の課題を解決する
クリエイティブディレクション術

クリエイティブディレクターとして、全国38の都道府県で自治体や企業、NPOなどの案件を率いてきた筆者による、地域プロジェクトならではのディレクション術。地域活性化を目指す自治体やローカル企業の仕事で成果を出すための方法論を解く。

田中淳一著
定価：1,980 円（税込）
ISBN：978-488335-529-7

各商品に関する詳しい情報はホームページをご覧ください。

ブレーン 特別編集 合本
地域を変える、アイデアと
クリエイティブ！読本

ブレーン編集部編
定価：2,035 円（税込）
ISBN：978-488335-422-1

全国に誕生した地域の魅力に新しい形で光を当てる地域発のプロジェクトに、クリエイティブの視点から焦点を当てて取材した事例を掲載。地域活性やまちづくりに関わるすべての方（自治体、地域の経営者、NPO・NGO、クリエイター）の仕事のヒントに。

すべての仕事は
クリエイティブディレクションである。

すべての仕事は
クリエイティブ
ディレクション
である。

古川裕也

古川裕也著
定価：1,980 円（税込）
ISBN：978-488335-338-5

ビジネスには「正しい悩み方」がある。仕事が成功せざるを得ない状況を作り出す技能。クリエイティブなやり方とは具体的にどういうことなのか。すべてのビジネスパーソンにお届けする、アイデアで課題を解決するための具体的方法論。

世界の広告クリエイティブを読み解く

山本真郷・渡邊寧著
定価：2,420 円（税込）
ISBN：978-4-88335-575-4

ある国では「いい！」と思われた広告が、なぜ、別の国では嫌われるのか？ホフステードの異文化理解メソッド「6次元モデル」を用いて、世界20を超える国と地域から、世界の広告やプロダクト、SNSを使った社会運動まで60事例を分析する。

パーパス・ブランディング
「何をやるか？」ではなく、
「なぜやるか？」から考える

PURPOSE
パーパス・
ブランディング
BRANDING
「何をやるか？」ではなく
「なぜやるか？」から考える
齊藤三希子

Apple、NIKE、IBM…
「パーパス（存在理由）」で、
企業は成長を続ける
ことができる。
国内外のエクセレントカンパニーに学ぶ
存在理由（パーパス）で会社を変える方法。

齊藤三希子著
定価：1,980 円（税込）
ISBN：978-4-88335-520-4

近年、広告界を中心に注目され、ムーブメントになりつつある「パーパス」。これまで海外事例で紹介されることが多かったパーパスを、著者はその経験と知見からあらゆる日本企業が取り組めるように本書をまとめた。「パーパス・ブランディング」の入門書となる1冊。

なまえデザイン
そのネーミングでビジネスが動き出す

小藥元著
定価：2,200 円（税込）
ISBN：978-4-88335-570-9

価値を一言で伝える。大ヒット商品「まるでこたつソックス」をはじめ、数々の商品・サービス・施設名を手がける人気コピーライターが「ネーミングの秘訣」とその思考プロセスを初公開。

わかる！使える！デザイン

小杉幸一著
定価：2,200 円（税込）
ISBN：978-4-88335-551-8

「デザインって、こう考えればよかったんだ！」と、思わず膝を打ちたくなる。仕事でデザインを依頼したり、指示出しする立場にある方、そしてデザインの仕事を始めて日が浅い方におすすめの1冊です。

ご購入はホームページで。

マーケティング・クリエイティブの事例研究に

宣伝会議の雑誌

宣伝会議
最新動向がつかめる宣伝・広告・マーケティングの専門誌

毎月1日発売　1,500円（税込）

販促会議
「人が集まる」「商品が売れる」ためのアイデアが揃う販売促進の専門誌

毎月1日発売　1,500円（税込）

広報会議
情報伝達スキルが身につく日本で唯一の広報専門誌

毎月1日発売　1,500円（税込）

ブレーン
アイデア・発想を広げる広告クリエイティブの専門誌

毎月1日発売　1,500円（税込）

全誌デジタル版、配信中。
デジタル版なら、記事を全部検索。
あの会社の広告事例もまとめて見ることができる！

1誌　　　　月額1,100円（税込）
4誌セット　月額3,960円（税込）

全誌デジタル版
好評配信中

未来の授業

SDGs×ライフキャリア探究BOOK

けんた、寿司職人になる!? 編

発 行 日	2023年12月27日　初版第一刷発行
発 行 者	東 彦弥
発 行 所	株式会社宣伝会議
	〒107-8550　東京都港区南青山3-11-13
	Tel.03-3475-3010(代表)
	https://www.sendenkaigi.com/
監　　修	佐藤真久
編 集 協 力	NPO法人ETIC.
特 別 協 力	学校法人 先端教育機構 SDGs総研
制 作 進 行	株式会社広瀬企画
マ ン ガ	柏原昇店
イ ラ ス ト	岡村亮太
印刷・製本	図書印刷株式会社

ISBN 978-4-88335-587-7　C0036
ⓒ Sendenkaigi.Co.,Ltd 2023
Printed in Japan

※無断転載禁止。乱丁・落丁本はお取り替えいたします。
※本書はFSC® 森林認証紙、ベジタブルインクを使用しています。